HAYMON verlag

norbert c. kaser

mein haßgeliebtes bruneck

Ein Stadtporträt in Texten und Bildern

Herausgegeben von Joachim Gatterer

AUTONOME PROVINZ BOZEN SÜDTIROL – PROVINCIA AUTONOMA DI BOLZANO ALTO ADIGE
Deutsche Kultur - Cultura tedesca

gefördert von Stiftung Südtiroler Sparkasse
Fondazione Cassa di Risparmio sostenuto da

Die Drucklegung dieses Werkes erfolgte mit freundlicher Unterstützung durch die Südtiroler Landesregierung, Abteilung Deutsche Kultur sowie die Stiftung Südtiroler Sparkasse.

Auflage:
4 3 2 1
2020 2019 2018 2017

HAYMON verlag
Innsbruck-Wien
www.haymonverlag.at

ISBN 978-3-7099-7283-0

Umschlaggestaltung:
hœretzeder, grafische gestaltung, Scheffau/Tirol
Coverfoto: Plakatfoto des Films *Eingeklemmt. Notizen für einen Film über Norbert C. Kaser* von Ivo Barnabò Micheli, erschienen 1984. Der Schauspieler Andrea Emeri blickt in die Brunecker Hintergasse. Sein Lodenmantel erinnert an jenen Kasers. Foto: Klaus Gasperi.

Gedruckt auf umweltfreundlichem,
chlor- und säurefrei gebleichtem Papier.

Inhalt

Damals vor fünfzig Jahren

Von Klaus Gasperi

Richtig kennengelernt habe ich Norbert nicht in Bruneck, sondern in Innsbruck. Es müsste im Herbst 1968 oder Winter 69 gewesen sein, als sich Nord- und Südtiroler Lyriker dort trafen, um sich zum ersten Mal literarisch auszutauschen. Ich kam von der Kunstschule in Gröden mit meinem Lehrer Markus Vallazza, der sich damals neben Malerei und Grafik auch mit Lyrik beschäftigte. Unser Freund, der Maler Robert Scherer, hatte ein Auto und nahm uns mit.
In Innsbruck hörten wir, dass sich auch der Brunecker Bruder Christoph, wie sich Kaser als Kapuzinermönch nannte, zu dieser Lesung angemeldet hatte. Ich, damals 18, kannte den 21-Jährigen nur flüchtig. Ich wusste von ihm nur, dass er zweimal bei der Matura durchgefallen und vor kurzem ins Brunecker Kapuzinerkloster eingetreten war. Dass er in Innsbruck lesen würde, wollte ich nicht glauben. Aber doch: in Paternkutte und begleitet von einer gemeinsamen Brunecker Freundin im Minirock kam er per Anhalter über den Brenner.
Von einem Kapuziner erwartete sich das brave, kulturbeflissene Publikum vermutlich nur theologisch Erhebendes. Als Norbert aber kratzbürstig wie meistens seine provokantesten und erotischsten Gedichte vortrug, waren die meisten zumindest irritiert. Ich war begeistert.
Nach der Lesung gesellten wir uns nicht zu den gesamttirolerischen Lyrikern, sondern setzten uns auf einige Gläser Bier in ein nahegelegenes Gasthaus. Von da an nahm unsere Freundschaft ihren Lauf.

Mir hat an Norbert damals und auch Jahre später immer imponiert, dass er kein Mitläufer war – weder literarisch, noch politisch und schon gar nicht zwischenmenschlich. Er vertrat stets seine eigenen Positionen und verteidigte sie konsequent. Und er war auch bereit, gravierende Nachteile in Kauf zu nehmen, wenn er wusste, dass er im Recht war. Als er 1969 im später berühmt gewordenen Tagungsreferat „Brixner Rede“ mit der Südtiroler Literatur abrechnete, wurde er von der hießigen Presse und Kulturpolitik zum Abschuss freigegeben. Die persönlichen Anfeindungen, die Norbert dadurch gerade auch in Bruneck erdulden musste, haben ihn menschlich schwer getroffen, obwohl er sich das nicht immer anmerken ließ. Es wäre ihm aber nie in den Sinn gekommen, deshalb klein beizugeben. Er wusste ganz genau, dass er überdurchschnittlich gut schrieb – besser als die meist harmlosen Südtiroler Autoren jener Zeit. Es ist heute in erster Linie Paul Flora und Hans Haider zu verdanken, dass dies, wenn schon nicht zu Lebzeiten, so zumindest nach Norberts Tod niemand mehr in Zweifel zieht.

Als Freund war Norbert anhänglich, ja besitzergreifend, und er hat sich nach seiner Rückkehr vom abgebrochenen Studium in Wien schlicht und einfach meiner Familie angeschlossen. Wenn er sich in Bruneck aufhielt, war er wochentags da, am Sonntag und an Silvester. Norbert hat meine Hochzeit organisiert, die dafür notwendigen kirchlich-bürokratischen Auflagen erledigt, das Menü zusammengestellt, die Sitzordnung beim Hochzeitsmahl festgelegt und ministriert. Mitte der 1970er-Jahre schob er stolz den Zwillingskinderwagen mit meinen Söhnen durch die Stadt.
In Bruneck verbrachten wir in unseren Stammlokalen oft ganze Tage. Stundenlang haben wir angeregt diskutiert, kreativ geblödelt und bewusst das scheinheilige Brunecker Spießbürgertum provoziert. Als wir uns abends nach der Sperrstunde im Wirtshaus trennten, nahm sich Norbert noch eine Flasche Rotwein mit in die Wohnung seiner Tanten und schrieb die halbe Nacht. Das Ergebnis steckte er am nächsten Morgen in ein Kuvert und schickte es mir mit der Post zum Aufbewahren, obwohl wir uns kurz nachher ohnehin in der Blitzburg oder sonstwo trafen. Sein Viertel Rot bezahlte dann ich, er hatte sein Geld ja für die Briefmarken ausgegeben.
An einem dieser Tage ist auch die Idee entstanden, ein Buch über Bruneck zusammenzustellen. Norbert sollte die Texte liefern, ich die Fotos schießen. Es hätte ein Buch werden sollen, in dem gerade die Schattenseiten der Stadt ins Blickfeld gerückt werden, so wie es Norbert in vielen seiner damals noch unveröffentlichten Texte bereits gemacht hatte. Wie manch anderer Gasthausentwurf ist auch diese Idee ein Luftschloss geblieben. Am Ende hatte uns die Wirklichkeit längst eingeholt. Im Sommer 1978 wurde Norbert wieder einmal, wie so oft in den letzten Jahren, ins Krankenhaus eingeliefert. Diesmal teilten mir die Ärzte im Brunecker Spital mit, dass er nicht mehr lange leben würde.

Es freut mich, dass die Idee des Bruneck-Buchs zu Norberts siebzigstem Geburtstag nun doch noch ihre Umsetzung gefunden hat. Inzwischen sind fast vierzig Jahre vergangen – mehr, als Norbert selbst erlebt hat. Die Stadt von einst hat sich längst in vielfacher Hinsicht gewandelt und doch ist bei genauerem Hinsehen vieles von dem unverändert geblieben, was wir damals verändern wollten.
Joachim Gatterer gehört jener Generation an, die Norbert nicht mehr persönlich gekannt hat. Als gebürtiger Brunecker, nicht unweit von Kasers Elternhaus aufgewachsen, kennt er viele Orte, Personen und Hintergründe zu Kasers Texten aus eigener Erfahrung. Mit diesem Wissen im Gepäck hat er sich in Büchern, Archiven und Bildbeständen nochmals auf Spurensuche begeben. Das Ergebnis ist ein literarischer Rundgang durch unsere Stadt, so wie Norbert sie in seinen Gedichten, Glossen, Erzählungen und Briefen festgehalten hat.
Die Bilder, die Gatterer mit Kasers Texten kombiniert, stammen durchwegs von Fotographen, die Norbert kannte. Ernst Mariner (1902–1988) war uns als Brunecks Fotopionier bekannt, Paolo Biadene, Karl-Theo Stammer und Gunther Waibl zählten als Jugendliche zu unserem Bekanntenkreis. Neben Baron Sternbach, Maria Theresia Neuhauser, Josef Gasteiger und einigen anderen gehören sie zu den wenigen, die Norbert in Bruneck akzeptierten.

Gatterers Buch ist gerade auch für jene LeserInnen interessant, die keinen direkten Bezug zu Bruneck haben, rekonstruiert es doch Kasers näheres Lebensumfeld, in dem er als Schriftsteller und Mensch zu dem geworden ist, der er war. Die Text-Bild-Montage zeigt aber auch, dass nicht unsere Stadt, sondern im Grunde die Zeit von damals etwas Besonderes war. Als Literat und Chronist besaß Norbert die Fähigkeit, den Zeitgeist mit feinsten Sinnen wahrzunehmen und sprachlich zu vermitteln.
Es ist eine späte Genugtuung, dass jüngere Generationen dieses Lebenswerk zunehmend zu schätzen wissen.

Daheim

Pförtnerhäuschen am Eingang der Tuchfabrik Moessmer in Bruneck/Außerragen, Kasers Elternhaus in Jugendjahren. Im Bild um 1980.

An die Schwester Monika Bruneck, 16. Mai 1967

■ Also es ist miserabel ... Regen und Wolken, kein Sonnenstrahl. Ebenso sieht es bei uns zu Hause aus: traurig und still ist alles, nur die Webstühle klappern bei meinem Fenster herein. Ich glaube ich werde noch verrückt, so geht mir dieses ewige Geräusch auf die Nerven. Mein Schreibtisch sieht aus, als hätte Napoleon eine Schlacht geliefert und doch habe ich nur ein wenig gelernt. Das Café Domino hat den Oberstock aufgemacht, toll sage ich Dir. Immer neue Hits und ganz moderne Fotografien an den Wänden. Sonst gibt es in Bruneck nichts Neues. ■

wieder zu hause

großmutter bauchgrippe
tante schnitt am knie
mutter gesprengter arm
vater war betrunken
zu hause

und wenn?
ich lache
laechle und
bin wo mein platz ist.

13. 5. 68
10 h

An die Schwester Monika Wien, 2. Dezember 69

■ Von Mair Josef habe ich so einiges gehört, was über mich von Mamma zusammengemault wird und getratscht. Vorvorigen Samstag habe ich Euren Brief mit 5.000 L und dem ärztlichen Zeugnis gekriegt, und ich hatte eine Riesenfreude. Montag steht dann ein Sack voller Lebensmittel vor der Tür. Mir hats die Sprache verschlagen und ich habe gleich angefangen einen Brief zu schreiben.
Am Dienstag habe ich ihn schon wieder vor Wut zerrissen. Ich habe richtig geweint vor Zorn.
Von nun an werde ich der Mamma weder schreiben, noch jemand nach Hause schicken mit Grüßen oder Wünschen. Ganz einfach deshalb, weil ich nicht Lust habe mir ihr Gemaule auch noch in Wien anzuhören – mir gehts sonst schon schlecht genug. ■
■ Über Weihnachten werde ich nicht zu Euch nach Hause kommen, sondern bei den Tanten in Julies Kammer schlafen. Ich will nichts mehr von Mamma, auch zum Christkind keine Unterhosen, Socken oder Schuhlitzen – ich habe ihr ja schon soviel Geld gekostet –, auch nichts zum Essen, das einem doch nur mit Vorwürfen serviert wird. Einen Brief diesbezüglich werde ich auch noch an Tante Julie schicken mit der Ausrede, Benjamino würde mein Bett brauchen. ■

An Luis Benedikter wien, 23. 2. 70

■ so, sagte mein vater zu mir, wenn Du heute maturaball gehst, bist Du aus der familie ausgeschlossen und hast nichts mehr von uns zu erwarten
so, sagte ich am 31. jaenner zum vater, und jetzt werde ich Dich fressen
um etwas klarer zu sein: ich bin zu hause hinausgeflogen. beide teile sind froh darueber. mit mir konnte man anscheinend nicht mehr existieren. ich bin ihnen zu hochgegriffen. ■

An die Schwester Monika wien, 15. 3. 1970

■ es ist nicht sehr wahrscheinlich, ob ich zu ostern komme. vielleicht tauche ich ganz kurz auf. wenn ich mir zwei dutzend brunecker und andere gesichter wegdenken koennte, kaeme ich bestimmt. so aber hat es wenig sinn. ich habe kein zu Hause mehr, das weißt Du. wenn ich kaeme, wuerde ich natuerlich mutter und vater gerne sehen – ich aber kann nicht . . ich kann einfach nicht. ▪

An Isolde Nothdurfter alszeile 010670

▪ meine mutter tut mir ueberhaupt nicht leid warum auch ihr leben lang ausgenutzt von maennern arbeitgebern & ohne eine lire zu kriegen fuer zwanzig jahre von der firma moessmer ist sie nun dem alkohol verfallen & bemitleidet sich selber in solchem maße daß mir oder meiner schwester kein mitleid mehr bleibt sondern nur der geschmack eines irrsinnigen hasses gegen die gesellschaft im mund – wie der geschmack von messing oder kaltem eisen
was haben sie aus meiner mutter gemacht der die faschistischen prinzipien von ordnung & sauberkeit ueber alles standen
ein gebrochenes versoffenes schlampiges vergraemtes weib
manchmal wuerde ich schreien vor wut & alle bonzen erschießen
manchmal auch jene jungen flaschelfurzer erschießen die mao schreien ohne meine mutter gesehen zu haben
die soehne der geschaeftsleute der aerzte der industriellen die sich vom taschengeld marx-texte kaufen & zu ostern sich mit gebuerstetem langhaar am vaeterlichen tisch versoehnlich vollfressen
auch ich fresse aus den naepfen der reichen
gut
Dir wird das scheißegal sein wie mir der ich das denken an andere verlernt habe & vergnuegt durch die lande reise ▪

An die Mutter [Stord] 190970

▪ liebe mamma Du weißt wie ich Dich & vater gern habe & Ihr moegt mich auch: ich will nicht mehr zurueck seit ich aus der familie geflogen bin & sehe daß es besser ist wenn ich nur ab & zu zu Euch komme wenn wir uns so gut leiden koennen ohne uns vorwuerfe zu machen wie frueher. Ihr seid mich los ich bin frei & kann tun was Ihr nicht versteht. alles was ich tue trifft Euch niemehr so wie frueher als ich bei Euch war. & bei den tanten bin ich auch nur gast, nicht mehr. darueber gibt es noch die liebe die uns alle verbindet & ich sehe daß ich Euch mehr liebe als frueher & Ihr mich auch. ich bin ein erwachsener mensch & will es auch bleiben frei & ungebunden: ich will schreiben studieren & kaempfen fuer eine bessere welt – geld schaut dabei keines her-

Kaser mit den Tanten Julie und Luise Thum, Mutter Paula und Stiefvater Franz Kaser, Anfang der 1950er-Jahre.

aus doch fuer das leben & die liebe kann man dabei lernen. so liebe ich Euch alle Dich & vater & die tanten vielmehr als frueher & besonders monica (monica ist meine schwester & gehoert meiner generation an) ▪

An das Südtiroler Kulturinstitut stord 24. sept. 1970

▪ in keiner weise erfuelle ich die wettbewerbsbestimmungen fuer ein stipendium trotzdem bitte ich Sie folgende umstaende in betracht zu ziehen:
einmal bin ich 23 jahre alt & moechte nur ungern dieses studienjahr verlieren was aber eintritt wenn ich ohne finanzielle unterstuetzung dastehe. von meinen eltern kann ich keine hilfe erwarten ▪ so mueßte ich denn einen beruf ergreifen & damit waere dieses jahr verloren (noch ein mittelschulsupplent mehr in unserem land!)
nicht zum vergnuegen bin ich hier in norwegen: ich habe ordentlich gearbeitet doch die ersparnisse reichen gerade bis dezember. ▪

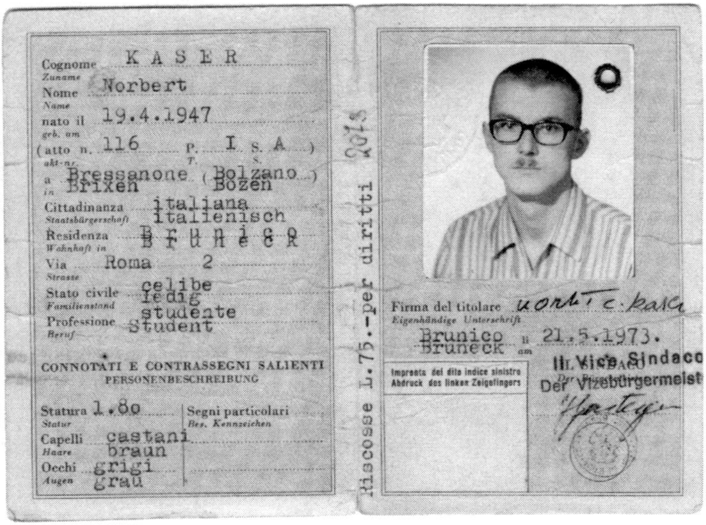
Cognome KASER
Zuname
Nome Norbert
Name
nato il 19.4.1947
geb. am
(atto n. 116 P. I S. A)
akt-nr. T. S.
a Bressanone (Bolzano)
in Brixen Bozen
Cittadinanza italiana
Staatsbürgerschaft italienisch
Residenza Brunico
Wohnhaft in Bruneck
Via Roma 2
Strasse
Stato civile celibe
Familienstand ledig
Professione studente
Beruf Student

CONNOTATI E CONTRASSEGNI SALIENTI
PERSONENBESCHREIBUNG

Statura 1.80 Segni particolari
Statur Bes. Kennzeichen
Capelli castani
Haare braun
Occhi grigi
Augen grau

Riscosse L. 75.-per diritti 2013

Firma del titolare
Eigenhändige Unterschrift
Brunico li 21.5.1973.
Bruneck am
Impronta del dito indice sinistro
Abdruck des linken Zeigefingers
Der Vizebürgermeist

Personalausweis und Reisedokument 1973. Die Meldeadresse in der Romstraße bezieht sich auf eine späte elterliche Mietwohnung. Sie wurde 1970 von der Familie bezogen, nachdem Franz Kaser als Pförtner der Moessmer pensioniert worden war.

An Erling Frugård wien 121270

▪ vom 20. dezember bis zum 10. januar lautet meine adresse:
norbert conrad kaser
romstraße 4
i 39031 bruneck
italia

dann bin ich wieder in wien. ▪

An Erling Frugård bruneck 020171

▪ das weihnachtsfest habe ich mit meiner schwester & mit meinem vater verbracht der fuer drei tage aus dem sanatorium (= krankenhaus) heimkommen durfte. es ist ziemlich traurig mit einem kranken menschen weihnachten zu feiern. den jahreswechsel habe ich mit studentenkollegen in einem uralten bauernhof gefeiert & ich bin ziemlich betrunken gewesen: bei uns gibt es ja herrlichen & billigen wein. ▪

An Peter und Elfriede Slavik bruneck, 190971

■ montag den 0609. bin ich richtung wien losgefahren & es ist sehr schlecht gegangen mit der stopperei auf der suedbahnstrecke dann am achten endlich bin ich in wien gewesen . . alles schnell geregelt um sofort gegen stuttgart weiterzufahren.
es ist anders gekommen: von irrrem zahnweh zerschunden bin ich nach bruneck zurueck & zwar sofort. ■

An Claus [?] und Veronika [?] bruneck 091172

■ neues gibt es bei mir nichts. ich habe mein normalleben wieder aufgenommen: 11^h zeitunglesen & kaffeetrinken, 13^h–18^h spazierengehen, diskutieren oder schreiben dazu klassische musik, 20^h–24^h weintrinken reden und aehnliche dummheiten.
ich bin froh, wenn sich das aendert, obwohl ich weiß, daß ich etwas neues nur solange es neu ist aushalte. ■

An Joseph Mair sterzing 190873

■ dann ploetzlich bin ich in sterzing aufgetaucht als mautner bei der autobahn. das bedeutet acht durchgehende stunden am tag von total verdummten piffkinesen 650 lire verlangen. die arbeit hat mich kom plett verbloedet. ■
■ hier in sterzing bewohne ich ein uraltes haus das direkt an den zw oelferturm angebaut ist. ■ scheiben fehlen boeden brechen durch lei tungsrohre bersten verputz faellt. ich bin allein in etwa 25 raeumen . . ich habe sie ehrlich nie gezaehlt. die beiden dachboeden sind albtr aumhaft schoen zum sich erhaengen. mein haus ist zwischen zwei ga sthaeuser geklemmt . . was mir wie Du mich kennst außerordentli ch paßt.
im uebrigen schreibe ich noch immer. die hoffnung auf einen durch bruch habe ich aufgegeben. ists was wert kommts dennoch an die so nne. freunde habe ich keine mehr. zuhause bin ich das x-temal hinau sgeflogen ich geh jetzt wirklich nicht mehr hin (doch meine bruneck er anschrift gilt). es kann schoen sein keine bindungen mehr zu hab en es tut nur manchmal weh. manchmal nur aber nicht an diesen bli tzendheißen ferragostotagen wo einem das scharfe sonnenlicht die augen zerschneidet. ■

bildnis einer tante

wie ich das hasse dieses »arme-leute-denken« meiner dicken tante di
ses verfluchte sparen um des sparens willen & weil man immer scho
n gespart hat & nichts anderes gelernt. kein zipfelchen bequemlichke
it ist an ihr. der hang zur oberflaechlichen sauberkeit ist groß. untaet
igkeit aller laster anfang voellerei prasserei & unsitte & am meer unt
en rennen sie nackt die ausgeschaemten. opfer der kirche die taeglic
he messe aus gewohnheit ohne erbauung. millionen predigten angeh
oert alle vergessen. gutes tun am verkehrten ort. aenderung ist unmo
eglich
in jedem haefchen
ein teechen
kein wein kein kaffee kein kuchen das brot muß hart werden vor de
m essen. das opfer der sonderangebote & wanderhaendler. billiges oe
l fuers haar billiges fuer den salat. spargel ist suende der boden lunte
nreich. in san damiano wird schon was sein da sieht die mamma rosa
die muttergottes im birnbaum. da will sie hinfahren. da gibt es nicht
einmal ein gasthaus fuer die pilger. es wird intensiv gebetet. da will
sie hinfahren wo sie schon beim anblick eines busses das kotzen ueb
erkommt. das will sie sich & ihrer leber antun das ist ihre geographie
die uebrige welt ist verfault.
wie ich das hasse dieses »arme-leute-denken« dieses abputzbare plas
ticktischtuch worauf ich schreibe dieser ausgediente krumme tisch
. . . ach da ist nur bei dem einen bein [ein] nagel zu schlagen . . . nimm
einen neuen ich hau Dir den da zusammen einen festen breitbeinig
en auf dem Du ohne angst teig ausrollen kannst . . . da ist nur ein nag
el zu schlagen. schalt das radio aus wenn du gehst sie meint nicht ab
drehen sondern steckerherausziehen: aberglaube der blitz koenne ei
nschlagen die leitung brennen. beim warmen wasser ebenso: stecker
ein & aus. es hat einen vortrag gebraucht daß sie den eiskastensteck
er in ruhe ließ. gashahn mit voller kraft zudrehen so geht das. zum k
ochen eine vierziger birne kleingeschnittne zwiebel sieht man dabei
gar nicht mehr. erste verwendung des lichtes anderthalb stunden nac
h sonnenuntergang. die brillen auf die scheiben legen mit spucke an
feuchten & am kuechenschurzzipfel putzen. das handtuch nach 14

Blick auf die Dachgeschosswohnung der Tanten Julie und Luise Thum in der Stegenerstraße 8, wo Kaser von 1971 bis 1978 mit Unterbrechungen wohnte. Im Bild um 1980.

tagen wechseln & fuer alles nehmen was naß wird: das ist nicht viel: kurze strecken: stirn-hals/fingerspitze-handwurzel/zehen-knie. jahr aus jahrein. fuer wen spart sie denn fuer mich nicht fuer wen hoch hi naus kommt sie nicht zum haeuserbauen langts nie. fuers christliche begraebnis: man wird auch so ehrenvoll unter die erde gebracht wen n man eine ehrbare jungfrau war ohne den pfaffen das geld vorzuwer fen. perlen fuer perlengemaestete saeue. spart sie fuer den missions sonntag fuer die reise nach san damiano

ein weiberchoerchen lockt
maria in dem birnbaum hockt

fuer ihre katze?
wie ich das hasse dieses »arme-leute-denken«. reichsein ist schicksa l. die besseren haben ihr kreuz wir das unsre. kahle kritiklosigkeit. in der lourdeskapelle faellt sie auf die knie zum dank fuer die rente. ker zen kauft sie fuer ihr gutes recht. woher die reichen den reichtum ne hmen & sie die armut weiß gott. misch dich nie in gottes wissen. unb

ekehrbarkeit ihr laster. sie ist stockdumm & stur. keine offne hand ue bersieht sie den katzen wird das fleisch vom fenster zugeworfen die tauben fressen in der woche fuenf kilo bruchmais ihre katze rahm. m ich haelt sie gut die katze besser. fuer sie selber nichts. ich bin so auf gewachsen es ist immer so gewesen. gasthaeuser sind zu meiden die nacht gehoert schlaflosem schlaf theater ist theater alles ist fuer die katz das sagt sie gern aus den zeitungen glaubt sie das gelogene koen igkinder tun ihr leid & kaelber beim metzger. alles ist gut genug ich nicht. auf meine manuskripte mit vorliebe feuchte waesche. ihr kam m ist dreckig ihr haar straff & streng in zoepfen.
zum teufel geh doch endlich aus dem haus fahr irgendwo hin wien von mir aus ans meer mach Dich beweglich geld hast Du sitz einmal still & laß liegen was liegt.
wie ich das hasse dieses »arme-leute-denken«. bei ihr nicht »arme-le ute-stolz« das waere selbst- oder klassenbewußtsein zuviel fuer sie. die woerter der pfaffen sind bibel das heilkraeuterbuch hilft gegen ir dische leiden

in jedem haefchen
ein teechen

das gute wird aufgehoben bis es verdirbt dann kommt das neue gute in den kasten. der circulus ihrer sparerei. alles wie ewig gehabt. fuer mich betet sie. gott sei Ihrer seele gnaedig.
ich brauch 1000.– Lire.

130473

An Klaus Gasperi flaas 040974

■ wie Du weißt kriege ich mein geld ja in bruneck da ich aber jetzt schon pater bin & nicht weiß wie ich in das rienzstaedchen kommen kann bitte ich Dich dringend um folgendes: schicke mir 5.000.– it. Lire (in buchstaben: fuenftausend) als reisegeld. diese summe kriegst Du ja sofort zurueck weil wir zusammen das gehalt abholen. capito! zum essen & saufen hab ich hier im dorf kredit genug aber zum heim fahren reichts nimmer. ■

▪ Ihr habt mir gegenueber noch immer eine sorge. ganz einfach daß ich schulden oder skandale mache. niemand braucht fuer mich einzu stehen. ich bin nicht mehr sechzehn wo ich in der athesia buecher ge flaxt habe ich bin voll verantwortlich & was ich schreibe oder sage is t meine sache. soviel courage werdet Ihr wohl haben das den leuten zu sagen. untereinander bindet uns nichts mehr außer private liebe (die ist so privat daß sie niemanden zu bekuemmern hat). bedenke immer was Euch von mir zu ohren kommt habt Ihr nicht von mir geh oert: was von mir auch gesagt wird schau Dir ihn an der es sagt. ▪

die geschichte vom weiten langen mantel.

der winter will kommen. das fieberthermometer des wetters leugnet es nicht. der schnee will sich nicht begeben & ist zu frueh gefallen. d er magre mensch friert bereits & schuert & hat nur eine bessere versa ndhausjacke zum anlegen. dem staat friert auch. was tun? vom wein trinken allein wirds nicht waermer & doch entspringen dem wein ma nchmal kluge dinge. das sollte sich der staat zu herzen nehmen. daß im wein die wahrheit liege (= in vino veritas) soll er besser nicht erfa hren . . wenn der staat naemlich die wahrheit erfraegt erschlaegts ih n ganz. nein er soll kluge dinge tun wie der magre mensch. wie man weiß ist der magre zwischen wollballen & webstuehlen aufgewachs en kennt die herren samt ihrem liebesleben etc. jene herren die web stuehle & wollballen unter sich haben. der magre ist eines tages etw as angesoffen hat es eilig zum bahnhof kommt dabei am laden der he rren vorbei geht schnellen schrittes hinein ohne einen herrn anzutr effen haengt den hund an ein stuhlbein hat kein geld & beschließt einen MANTEL zu erwerben. die hueterin des ladens ist verwundert ueber die beziehungen des magren probiert ihm in eile den mantel an beraet ihn gibt ihm einen rechnungszettel & ist noch mehr verw undert wie mensch & hund & mantel fort sind mit dem liebenswuer digen versprechen alles zu regeln . . mit den herren von dort draußen wo die wolle herkam. es war etwa nicht ein gewoehnlicher mantel

so irgendein billiger nichtssagender nein ein umhang aus gruenem loden bodenlang & weit fuer drei einer der sich im wind blaeht & ent faltet einer zum sich einwickeln zum schmuggeln zum weitausschr eiten zum warmgeben nach bedarf. (nicht billig). stolz sitzt der men sch im zug & nicht so ganz großzuegig wie st. martin laeßt er den hu nd auf einem mantelzipfel schlafen. inzwischen zittert die hueterin des ladens um das geld . . angst vor einem großen schwindel weil der magre mensch sich tagelang nicht zeigt (nicht zeigen kann weil ihm der staat nicht zur rechten zeit sein geld gibt) ein brief an einen der herren (Deinen Vetter) ein lammsanfter brief der sogar beantwortet wird von hoechsteigener hand (das ist an den fehlern zu erkennen die eine sekretaerin nie machen wuerde) ein paar telefongespraeche beheben die zweifel doch nicht die schuld. zehn tage spaeter kommt der mensch im mantel & zahlt & es wird ihm von dem fraeulein gesa gt daß er praechtig darin aussieht (wobei sie aufatmet)
& ein viertel wird ihm nachgelassen.

[barbaratag 74]

An Christel Hemme — flaas 040575

▪ einen hausstand zu gruenden erlauben mir verschiedne umstaende nicht: mein vollkommen unnormales verhaeltnis zu geld oder karrier e meine freiheitsliebe meine oft spleenigen vorstellungen & eine selt ene form von unbeugsamkeit. auch sonst habe ich keine verwandtsch aftlichen bindungen zu hueten ▪

An Markus Vallazza — flaas 020775

▪ bin nicht gerade hin aber fast. dieses jahr war bitter hab selber sch uld & werd kaum daß ein platz freiwird im bozner spital mein zelt au fschlagen. kaum bin ich dann wieder bei leben (maestfack wird aus mir sowieso keiner) werde ich mich lebendig machen. ▪

An Paul Flora bern an der etsch 281275

■ in der vagen & doch wieder berechtigten hoffnung dieses gastliche narrenhaus noch vor jahresende verlassen zu koennen & ehe wieder die postgebuehren steigen & ehe man mich ganz unter die irren & ve rlorenen zaehlt schreibe ich vorerst noch wobei es eigentlich gar nic hts zu schreiben gibt. ich habe heimweh. ganz simples einfaches hei mweh nach hund & haeusern kindern & kleinigkeiten. komisch sprac hlich habe ich es nicht obwohl ich zwecks wegen praktizitaet unterta gs italienisch denke um nicht jede kleinigkeit uebersetzen zu mues sen. ■

■ mit buechern bin ich eingedeckt. mein hunger ist groß geworden mein gewicht ist gestiegen mein physisches wohlbefinden ist benei denswert. von depressionen bin ich bis auf eine ausnahme (ich haet te nicht geahnt daß mich spitalsweihnachten umschmeißen) versch ont geblieben. psychisch leb ich also im gleichgewicht. was das schr eiben anlangt: nun es geht gleich gut wenn nicht besser jetzt ohne w ein. ohne sorge gehe ich ins jahr 76 wenn sie mich nur bald auslass en diese wohlwollenden schweine. ■

An Paul Flora bruneck 010376

■ man koennte glatt wieder ins saufen kommen bei der trostlosigkeit meiner finanziellen lage & meiner troepfelweisen arbeitslosigkeit die ab & zu erhellt wird von einer kostspieligen reise in ein weit entfernt es dorf um dort fuer zwei drei tage kinder zu hueten denn mehr kan n man nicht. unternehmen kann ich auch weiter nichts weil die taegl iche abberufung zu erwarten ist das blockiert mir auch das schreiben & mit meiner verwandtschaft bin ich auch schon verkracht wegen m eines parasitaeren daseins. da sitzt dieser parasit dieser 28jahr-alte la ggl herum. lust haette ich alles hinzuschmeißen. & wenn ich sie so gr insen sehe die gesamte brunecker mafia wenn das schulamt sich die haende reibt & erwartet ich wuerde mit dem maul voller entschuldig ungen daherkriechen den verschmaehten speichel der bonzen aufzu lecken dann allerdings haben sie sich getaeuscht. die parabel vom ve rlornen sohn mag schoen & gut sein aber lakai bin ich keiner. & als etwas andres sehen einen diese hiesigen christenmenschen gar nicht an. ich bitte Sie nun mir fuer zwei-drei wochen unter die arme zu gr eifen mit einigen schillingen auf daß ich nicht zum gaudium jener

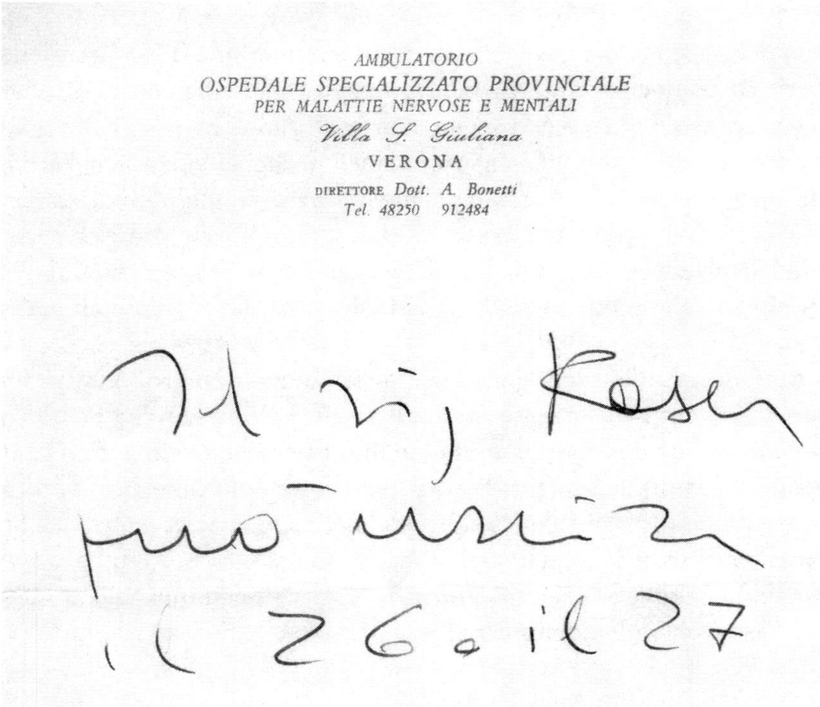

AMBULATORIO
OSPEDALE SPECIALIZZATO PROVINCIALE
PER MALATTIE NERVOSE E MENTALI
Villa S. Giuliana
VERONA
DIRETTORE Dott. A. Bonetti
Tel. 48250 912484

Alois Kaser
può uscire
il 26 e il 27
con sua
sorella

24.XII.75

Heiliger Abend 1975: „Herr Kaser darf die Klinik am 26. und am 27. mit seiner Schwester verlassen."

pharisaeer umfalle damit ich mir tageszeitung kaffee leidige bozenfa hrten & ferngespraeche ungefragt leisten kann ohne um jedes zipfelc hen zu meiner schwester oder zu den alten tanten betteln gehn zu muessen. ▪

An Hans Haider bruneck 160976

▪ es ist regelrecht zum verzweifeln. es geht mir sehr sehr schlecht & vom literaturstipendium noch keine spur. wenn ich gewußt haette d aß der oesterreichische amtsschimmel in etwa die flotte gangart unsr es italienischen hat haette ich mir eine sommerarbeit gesucht denn die gesichter meiner beiden alten tanten denen ich seit dem 1. august auf dem geldbeutel herumliege werden von tag zu tag saurer. so bin ich finanziell vollkommen an mein haßgeliebtes bruneck gebunden & gehe schon gar nicht mehr auf die volksbank meine kontonummer visitieren weil ich mich schaeme. ▪

An Erika Prader bk. 280976

noch immer ohne geld noch immer blockiert an haenden & fueßen gefesselt – es ist wohl ein geleide. so grueße ich Dich denn herzlich aus dieser faden stadt

An Erika Prader s. polo 141176

▪ mit meiner schwester steh ich seit dem 220976 auf krieg . . sie will nicht einlenken obwohl ich jetzt mit geld ein paar familienwunden verkleben koennte. auch mit meinen tanten hat sie sich vollkommen ueberworfen. es schmerzt insofern weil es sich so dahinzieht. ▪

An Klaus Gasperi bad berka 200577

▪ da steck ich halt wieder im spital & es wird wohl so an die sechs wochen dauern bis ich ihnen gut genug bin. die ersten eindruecke sind durchwegs positiv ausgefallen & zum glueck ist vieles anders als bei uns. ▪

An die Schwester Monika bad berka 060677

■ ich bewundere Deine festigkeit & Deinen mut ■
■ behalte Du Deinen liebenswuerdigen »schaedel«
behalte Dir Dein haeusliches glueck
freue Dich stolz & unverhohlen auf das kind

das sei Dir zum 12. juni 77
gewuenscht von Deinem
norbert
mit den ewig leeren haenden

An Siegfried Baur berka 280677

die kur hat sinn & zweck gehabt.. die schlußtage waren oede. die heimat hat mich wieder: etwas veraendert inwieweit gebessert weiß ich nicht.

An Rosmarie Judisch gegeben zu bruneck 110877

■ die letzte rate meines oesterreichischen staatspreises abgehoben & getrachtet ueber die grenze in meine heimat zu meinen tanten zu ko mmen. natuerlich streikten die italienischen zuege was mich nicht aus der fassung bringen kann: taxi genommen & 120 kilometer damit gemacht was mein halbes monatsgeld gefressen hat aber das war mir wurscht. in bruneck am abend angelangt leicht angesaeuselt & beilei be nicht nach hause gegangen sondern klaus marlene & die beiden b uben geherzt & dann mit ihm & vollem gepaeck in den kneipen mein er heimatstadt herumgetrieben (wir schafften nicht alle 55) sternha gelvoll nach mitternacht meine armen tanten herausgeklopft die vor schrecken glaubten es wuerde geistern. & der geist war ich & ich war auch einer. ■

■ fuer sexuelle faxen habe ich keine zeit aber das ist eine luege im gr unde warte ich nur auf die sogenannten gebratnen tauben die mir ins maul fliegen wollen aber das soll bei meiner sproedheit sehr selten der fall sein habe ich sagen hoeren. was solls. ich gehe oft ins konzert lese durchaus befasse mich kritischer mit der umwelt ■

An Heidi Opfer bruneck 160877

■ eigentlich hatte ich vor eine sommerarbeit zu uebernehmen aber bis auf hilfskellner obstpfluecker & dergleichen war nichts zu finden & das leiden meine fueß noch nicht. ■ manchmal besaufe ich mich vor trostlosigkeit oder ich gehe mit freunden in die waelder pilze su chen. ■ reisen moecht ich auch gern doch der geldbeutel laeßt's nich t zu. trotzdem sollte ich nicht soviel lamentieren: bin zwar kein kind des gluecks aber ich gehoere hierher man mag mich ich lebe in mein em geliebtgehaßten bereich. ■

An Rosmarie Judisch bruneck 230977

■ was soll nur aus mir werden? ersparnisse habe ich keine das geld is t gar meinen tanten liege ich auf der tasche . . . ich bin wie die grille die den sommer vergeigt hat & sich im winter von der ameise vorw uerfe machen lassen muß. ■

An Rosmarie Judisch brixen 290178

endet denn der winter nie? schneuztuecher brauch ich drei große am tag & frieren tu ich immer. es ist ein elend denn ich bin ab uebermorg en obdachlos.

An Hans Taschler und Helene Flöss bruneck 090278

■ zwar bin ich gesundheitlich mit muehseligem tablettenkampf etw as zu zeuge gekommen aber halt noch immer verkuehlt voller rotz & matt wie eine nasse huder. ich kann mich wirklich nur noch zum rau nzen aufraffen denn mein moralisches barometer zeigt nichts als tief en an. verflucht! kommt denn endlich ein bißchen gruenes gras zum vorschein oder muß ich kaeltens sterben. der vogelweider muß auch so ein derfrorner haiter gewesen sein weil man ihm zur groeßten fr eude einen pelzmantel geschenkt hat . . aber ich habe keine landesfue rsten hinter mir fuer die ich singen koennte. ■

An Rosmarie Judisch bruneck 180578

■ ansonsten führe ich ein recht fades leben in diesem fahrschulbüro da wo ich ein bißchen aushelfe um mir tabak & wein leisten zu könn en. die heizung ist vom hausmeister abgedreht worden & ich klappe re bei 15 grad kanzleitemperatur mit den zähnen & schneuze mich ein ums andre mal. ■

An Rosmarie Judisch bruneck 280678 15 uhr

■ immer & immer wieder stelle ich mir die frage was denn einen ddr buerger unter lebensgefahr dazu veranlaßt in diesen beschissenen goldenen westen zu wollen. dissidenten kann ich sowieso nicht leid en aber ich bin tiroler dissident geworden & bleibe mit mut zorn & ekel meinem tal treu. ■

Im Gasthaus

Blick auf die Hauptfassade des „Hotel Post" am Brunecker Graben, um 1978.

collage III
16. 8. 1968

ein Kirchturm
eine Klingel
frenes
Restaurant
servus
eine Jacke
servus Heinz
ein Betrunkener
eine Bedienerin
ein Bedienter
und rund
herum
ein Gar
tenschlauch

die kellnerin

wer in den arsch
mich kneifen will
der halte still
& ich salz ihm eine
je nach gefuehl

[23. 9. 1976]

narrendienstag 73

die
konsumgesellschaft
die sich bereits
graust
aus dem eignen
glas zu saufen
schaut wesentlich
verwundert
zu mir her

ich trinke
reste

lange jahre
sind's noch nicht
wo unsre muetter
oder vaeter
(= kriegsgewinnler)
kippen
klaubten
um sich mit
zeitungspapier
ein
rauchmittel
zu drehen

so trinke
ich reste
073

Epyllion

antike Kleinform des Epos, häufig mythologis
chen Inhalts, für ein gelehrtes Publikum, volle
ndet in Form und Versbau oder zeitgemäße G
roßform des Gedichtes rein normalen kleinbür
gerlichen Inhalts, für ein proletarisches Unterm
enschenpublikum, total danebengegangen in F
orm und Versbau.

das besoffene aquarium

1 heilige jungfrau
herrgott bin ich besoffen
komplett besoffen
ich bin ein schwein
bin ich ein schwein?
nein das bin ich nicht
was hoer ich
ein roß
ein roß hoer ich
baeh ein roß
mit gruenweißroten hufen

2 du und das scheißt gold
puh   hoeren Sie mal herr ober
Sie schmuddliger ober
Sie dreckiger Sie tellerwaescher
Sie ober Sie entweder Sie
lassen sofort aber schon
ganz sofort das kalb mit
den rotweißroten hufen herein..

3 ich bin ein esel ich bin ein aff
ich bin eine drecksau
ich bin eine besoffene
kapitalistische drecksau

ich bin belaemmert
ich bin beschaft
ich bin ein zoo

4 ich bin begeistert
von rita pavone
wehe wer mir dieses maedel
antatzt   also so ein pikfeines
ding so was blitzsauberes
steht die stramm
also da kann ich noch
was lernen und so blond
wie sie ist
also schon wieder dreißig
jahre zu spaet auf die
welt gekommen

5 heilige jungfrau
von hinteroberfeldkirchen
heilige jungfrau patronin
der neger und waisenkinder
mamma mia
ist das ein gsueff
ein schauriges gsueff
also sowas und das mir
wofuer zahl ich steuern
ha?
ober tragen Sie das weg

6 ich seh weiße scheiben
weiße scheibchen
blitzweiße scheibchen
hostien?   nein ach gott
alka seltzer
alka seltzer?
nein es sind rote scheiben
intensiv rote scheiben

Norbert C. Kaser um 1976, fotografiert von Klaus Gasperi.

kommunistisch rote scheibchen
jawoll von meiner sauren savelade
mai macht das oel augen in dem essig
nehmen Sie das zeug da weg ober

7 Sie da
schmeißen Sie nicht mit so
schrecklichen woertern um sich
Sie quatschen einem die augen aus
herr ober entfernen Sie diesen gast
also wie der da um sich geschmissen
hat mit dem reinsten nazistischen
wortschatz

8 der hat mich ganz an einen
gewissen zoderer erinnert
der mann der kann was
der ist zum fürchten
also einen wortschatz hat der
das grenzt ans dichterische
jawoll und dabei bleibts
er ist die hoffnung des landes
unser land hat noch hoffnungen
ueberhaupt jetzt wo alles nach
wien abwandert
nun da hats auch den zoderer
erwischt
hoffnungen erwischts immer
aber das wird sich schon geben
der mann kriegt ein denkmal
gut er muß vorerst zum lieben
guten GOTT eingehen
jawoll das muß er
dann kriegt er ein denkmal
vorerst hat er zwar kaum zu
fressen aber das macht nichts
da sorgt schon seine frau dafuer

also die ist huebsch sag ich
ein goldenes ding
der zoderer sollte allein seiner
frau wegen den großen staatspreis
kriegen

9 bin ich nazi
naeh ich bin kein nazi
ich bin proletarier
ja ich bin das proletariat
schlechthin
ich bin GOTT
ein kleines armes wuerstliches
gottlein
bin ein kleines armes wuersterliches
unverheiratetes gottlein
schließlich muß das zoelibat auch leben
und die partei will mich auch keusch

10 ah
die partei
meine mutter mein gott mein alles mein
kegelclub meine briefmarkensammlung
mein um und auf

11 ober
halten Sie den kopf still
stillhalten
was kreisen Sie denn durchaus den kopf
so hoeren Sie doch auf damit
seien Sie so liebenswuerdig
also bitte
danke
das ist schön
das ist gar nicht schoen von Ihnen
herr ober
daß Sie so auf meine diktatorischen

Forderungen eingehen
kreisen Sie wieder
sowoll
jetzt lassen Sie sich etwas erklaeren
weil Sie wieder so schoen den kopf
kreisen
also in jedem menschenherz hockt ganz
klein und winzig ein ganz winzigkleiner
diktator
wenn Sie mir jetzt eine laue suppe
bringen so zwingen Sie mich auf diktatorische
weise eine laue suppe zu essen
wo ich doch eine kalte wollte was das
diktatorische an mir ist
ist die suppe kaltgeworden was die natur
kraft ihrer diktatur bewirkt so sind wir
beide keine diktatoren mehr
gottseidank
war das ein gedankengebaeude
wir sind jetzt keine diktatoren mehr
darauf muessen wir trinken
ach Sie sind im dienst
dienst muß etwas schoenes sein

12 gruenweißrot
der koenig der ist tot
rotweißgruen
der koenig der ist hin
der von italien naemlich

13 also
wir haben alle ganz klein
angefangen
hitler mein ich und so
und der papst der lenin
also die haben alle
wie Sie und ich einmal

in die windeln gemacht
also ganz klein waren
der stalin der de gaulle
also die geschichte ist
so etwas lehrreiches und troestliches
aus uns wird naemlich auch noch was
was großes

14 hoch mao
mit mao wirds besser
also der mao der machts moeglicher
meine mutter kennt
sich in der politik
ueberhaupt nicht aus
also das habe ich
nicht von ihr geerbt
aber ich
ich liebe einfach mao
der osten ist rot und so
und dieses internationale lied
die masse im marsch
also und da was ich erst
gelesen habe
mao hilft bei blinddarmoperationen aus
nur mit gedankengut
also mao hats in sich

die masse im marsch
die masse am   arsch
                        der welt

[12. 5. 1969]

Terrasse des Gasthauses „Forst“ am Graben, um 1970 (oben), Gasthaus „Zum Hirsch“ in der Stadtgasse, um 1960 (unten links), Kellnerinnen im „Turmcafè“ an der Rienzbrücke, um 1970 (unten rechts).

Auf der Terrasse der „Habsburg“ am Graben, um 1970 (oben links), Jugendliche im Nachtlokal „Pustrissa“ am Graben, 1970 (oben rechts), Damen in der Bar des „Hotel Post“, Winter 1973/74 (unten).

la mia vita
me la pago
non con soldi
ma vivendo

bar melitta 210471

welch bergvolk
sind wir denn
unter eutern
aufgewachsen
& weinschlaeuchen

[12. 8. 1971]

beim kuessen die zaehne verbissen
damit weder atem noch zunge entweicht
ansonsten in kontinentaler hitze
die keiner thueringschen gleicht
von der logik der sinnlosigkeit
ein veroedetes hirn & in berka
birkenkraenze – & mein nacken mein
harter – Du muß wissen selbst
naehere liebe hat mir bisher nur
zum schaden gereicht – dafuer
rette mich gott denn mein spott
schmerzt mich selbst mehr als die
andern.

blitzburg 070777

Anm.: Der Name „melitta" bezieht sich nicht auf eine Bar, sondern auf eine Freundin aus Lucca, die Kaser in Bruneck kennengelernt hatte. Das Gedicht „beim kuessen" gilt Rosmarie Judisch, die Kaser von seinem Kuraufenthalt in Bad Berka kannte.

6

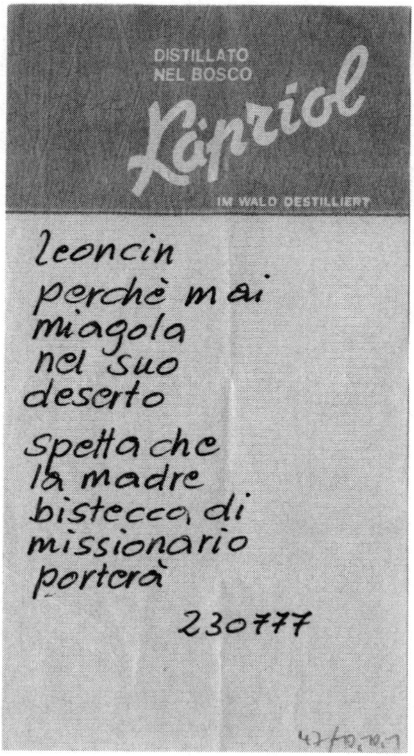

sechs jahre alt
ist der
wein
der mich
trinken
heißt

damals
ich 15
gab der
wein
mir nichts

ich bin

ich bin muede
im taumel des weins

bacchus
dionys
agiert
muedigkeit
in mir
agitatoren
        beide

2. 8. 68

brunecker poststube

aus drei hornissen
ein surbelnder bienenschwarm
& weiter ein bruellender ochsenstall
dann fallen die nuechternen ab
bleiben die schmatzenden paare
die drei pechschwarzen
    seßhaften besoffnen

die feinen vom theater
der poebel vom hockey
    fallen ein
gefuellter samstag

ende vom lied
viel gekleidete dummheit
kritiken von den feinen   dem poebel auch

vorletztes ende vom lied
laerm aller sorten
bevor die partie verspielt ist
samt moliere & trumpfas

schweig stille mein kind
schlaf weich
das fernseh'n macht bleich

kulturbefleißer
hosenscheißer
aus zarastros bau

zerfuellter samstag
was bleibt

wirklich letztes ende

vertrieben die schleifer
die schmusenden paare

ein samstag wie selten
so reich
schlaf weich
das fernseh'n macht nur bleich

zuvor komm ich zu
Dir
    & schrei

140178

bin ich betrunken
hoere ich die gruenroten
geschmaecker der pferdehufe
lackiert als finsteres
summen

[1969]

An Rosmarie Judisch — bruneck 090278

▪ schreiben tu ich ziemlich einiges denn die ueberlebenschancen sin d zu dieser jahreszeit in warmen verrauchten kneipen am groeßten. ▪

diese scheißbanalitaet der naechte nichts als in lokalen herumsitzen einmal den linken schenkel ueber den rechten legen den rechten ue ber den linken die fueße so gut als unter den knappen tischen ausstre cken zurueckfahren weil man einen fremden fuß trifft

[undatiert]

die kneipen sind dunkel
denn einer von den wirten
ist eingegangen
ins ewige gasthaus

die kneipen sind dunkel
denn die fremden gaeste
meiden novembernebel
guenstig hat er sich fortbegeben
in toter saison

jaeh gelebt &
jaeh gestorben

131177

wo

verbirgt
sich im rauch
der erdaepfelfeuer
Dein name
mein tal

vor dem
groeßten kartoffel
lagerhaus
eurasiens
lieg ich
besoffen
von kies
zerkratzt
im angesicht
der linken
gewerkschaft

210972

Leserzuschrift

Protest in Versen

aus dem kampf
gegen die brunecker
gastwirte
habe ich folgendes gelernt:
preisfreiheit ist demokratisch
(armes land!)
also bau ich mir ein gasthaus
aber womit?
mein geld
hab' ich in
gasthäusern verbraucht

Norbert Conrad Kaser

Aus der Tageszeitung *Alto Adige* vom 14. 02. 1973. Kaser nimmt Bezug auf den gerichtlichen Freispruch mehrerer Gastwirte, die wegen Veranschlagung überhöhter Getränkepreise unter Anklage gestanden hatten.

Kleinstadtpolitik

Brennender Heustadel von Brunecks Bürgermeister Haymo von Grebmer im Herbst 1972, von Kaser fotographisch dokumentiert.

GEGENDEMONSTRATION

Am 30. Juni soll auf dem Kapuzinerplatz im Rahmen einer imposanten aber ebenso provokanten Feier ein neues Alpinidenkmal eingeweiht werden. Wir sind nicht eigentlich gegen das Denkmal, sondern gegen den nationalistischen Geist, der von der Veranstaltung ausgeht und das politische Klima der Stadt nur noch mehr verschlechtert. Wir sind auch gegen den Nationalismus von deutscher Seite, der sich im Terrorismus ausdrückt. Beide Nationalismen stammen aus verfehlter historischer Sicht und nähren sich gegenseitig.
Sinnlos erscheint uns auch der hochgespielte Militarismus, der keine Früchte trägt und auf verzerrten historischen Tatsachen beruht. Wir sind gegen jeden Pseudoheroismus. Wir respektieren das Heer, wenn es Sinnvolles leistet. Wir danken für seine Einsätze in Katastrophen.

Wir sind gegen	DEUTSCHEN NATIONALISMUS ITALIENISCHEN NATIONALISMUS »RASSENTRENNUNG« MILITARISMUS
Wir sind für	FREIHEIT VON TOTEN IDEEN FRIEDEN UNTER UNS FREUNDSCHAFT

Die Gegendemonstration geht von italienischen und deutschen Studenten aus und ist von k e i n e r politischen Partei beeinflußt.

Verboten sind	Pfiffe Schreie Schläge jede Form von Undisziplin
Pflicht sind	Schweigen Vernunft militärische Disziplin

Die Demonstration wird zur Zeit der Denkmalsenthüllung auf dem Kapuzinerplatz vorgenommen. Wir marschieren in Reihen mit unseren Transparenten heran und stellen uns am Rand auf. Dort bleiben wir zumindest während des Hauptteils der Feier stehen. Wir lassen uns auf keine Diskussionen und Schlägereien ein, wir schweigen. Sollte es zu Unruhen, Bedrohungen und Belästigungen kommen, weichen wir zurück.
Wir brauchen Leute, die unsere Gedanken teilen. Wer seine Unterschrift nicht abgibt, gehört nicht zu uns. Die Demonstration wurde geplant von:

Friedrich P. Mair	Christoph Baur	Johanna Baur
Bruno Trenta	Christian Mair	Norbert C. Kaser

[Juni 1968]

Anm.: Das Alpinidenkmal aus der Zeit des ital. Faschismus war mehrfach Ziel deutschnationaler Sprengstoffanschläge. Siehe S. 57, 141 u. 142.

analyse 68

wir sollen zukunft gestalten
wo bleibt das werkzeug
ihr grundsteinleger
ihr verdammten

6. 5. 68

lust

wenn du lust hast
mitmirgegenmichgegendichgegenalle
zu kaempfen
so komm
aber heimlich
am abend
wenn ich rauche
keiner soll wissen was wir wollen

sie duerfen uns nicht zu maertyrern machen
koennen
sie duerfen uns nicht zu helden machen

dann sind wir verkauft

QVI NON FACIT PROXIMO SVO MALVM NEQVE OPPROBRIVM
INFERT VICINO SVO+QVI CONTEMPTIBILEM AESTIMAT IM
PROBVM TIMENTES VERO DOMINVM HONORAT+QVI ETSI IV
RAVIT CVM DAMNO SVO NON MVTAT PECVNIAM SVAM NON+
DAT AD VSVRAM NEQVE ACCIPIT MVNERA CONTRA INNOCE
NTEM ... PSALMVS
X I V

[Herbst 1968]

Arbeitsgespräch mit Ivo Barnabò Micheli [Jänner 1976]

■ Ich getraue mich die Wahrheit zu sagen oder eine Wahrheit zu konstruieren, wie ich es einmal gemacht habe, indem ich den jetzigen Brunecker Bürgermeister einer sehr klugen Eigenbrandstiftung öffentlich, aber literarisch bezichtigt habe. Er hat sich grün und blau darüber geärgert, hat aber nichts gegen mich unternehmen können..., weil es eben Kunst war. Und der Bürger geht natürlich her und verehrt das, was Kunst ist als Kunst, weil er meint, Kunst könne man nicht mehr verfolgen. ■

indizien fuer eigenbrandstiftung

1 das alibi: ein alibi muß nicht ein alibi sein wenn man die beerdi gung eines bekannten advokaten dazu benutzt gesehen zu werden. der brand kann vorbereitet & bestellt sein. von tausend leuten gesehen zu werden ist ein zu gutes alibi.

2 der zeitpunkt: der zeitpunkt war guenstig gewaehlt: sonntag mitte oktober gegen 16 uhr 45 feueralarm windstille publikum in huelle & fuelle gutes herbstwetter. viele feuerwehr maenner auf familienausflug & schwer erreichbar.

3 das gebaeude: stadel alt & groß. mitten im zentrum. in zwei jahren abzureißen. voller heu. gewaehr fuer einen sicheren brand.

4 das vieh: das vieh war in sicherheit bevor die sirene alarm gab. bei dreißig rindern etwas seltsam. dreißig rinder in der zeit eines kurzen telefongespraeches oder einer autofa hrt zum naechsten alarmknopf abzuketten & voellig ruhig ins frei e zu bringen ist unwahrscheinlich. die landwirtschaftlichen masc hinen sind gerettet.

5 verzoegerung: kaum wasser im fluß.

6 das geruecht: die boeswillige bevoelkerung spricht davon daß der besitzer geplant habe an die stelle ein hallenbad zu setzen. man wird sehen.

7 die versicherung: der stadel war seit so langer zeit versichert daß ein verdacht von jener seite wenig zu befuerchten ist.

8 die feststellung des schaden: in den abendnachrichten wird schon von einer genau bestimmten schadenssumme gespro chen ebenso weiß die presse am naechsten tag genaue zahlen anzugeben. (abendnachrichten 20 uhr)

9 die feuerwehren: die feuerwehren muessen nach der eindaemmung des brandes herde & gefahren beseitigen. die wehren leisten unentgeltliche abbrucharbeiten.

10 die schweine: die schweine wurden ueberhaupt nicht aus den stal lungen getrieben oder waren vorsorglich vorgeschlachtet worden.

11 der brand: beim alarm stieg eine dicke rauchsaeule aus der mitte des baues. flammen gab es kaum. mit einem mal kam aus *allen* seiten des daches feuer. das gebaeude ist ziemlich groß: warum dann auf allen seiten gleichzeitig? irgendwo mueßte der schwerpunkt liegen? photographien koennen das belegen.

12 beschluß: der besitzer hatte nur zu gewinnen nichts zu verlieren. schaden durch die versicherung gedeckt gebaeude unwirt schaftlich etwas neues besseres geplant ersparnis eines großen teils der abbrucharbeiten. der besitzer ist hotelier also denkt er wirtschaftlich. zumindest ist er froh. er ist selber bei der feuerwehr. er ist nicht beliebt. sprechen indi zien fuer brandstiftung so koennen diese auf eventuelle neider & feinde abgeschoben werden.

heute drei tage nach dem brand werden glosendes heu & verkohltes holz weggeliefert. die mauern stehen noch. der rinderstall ist teilwei se eingestuerzt.

181072

bruneck 040173

brief an die buerger von bruneck

es ist etwas geschehen was sich mit einem funken an privatinitiative leicht beheben laeßt ehe es zu spaet & vergessen ist. sicher gehen durch den lauf der zeit viele braeuche & einrichtungen ein .. die einen werden vergessen die andren werden von neuen erfindungen ueberrollt & wieder andere gehen einfach ein weil sie unwirtschaftlich sind.
die erwaegungen von denen unser gemeinderat bei der abschaffung unsres turmwaechters ausgegangen ist leuchten mir & vielen andren nicht ein. sollte unser nachtwaechter der ueber anderthalb jahrzehnte ueber uns schlafende brunecker wachte der gemeindeverwaltung zu teuer kommen? (ich kanns nicht glauben!) ist es wirklich so daß jeder brunecker ein telefon neben dem bett hat um die feuerwehr zu rufen? (ich kanns nicht glauben) ist ein brand vom bett oder von der straße aus wirklich genauso leicht feststellbar wie vom weitum sichtbaren rainturm? (ich glaub es nicht!) warum wird denn immer beim lieben »kleinen« gespart & beim großen fliegt das geld?
einem 500 jahre alten brauch muß gewiß nicht nachgetrauert werden wenn ihn die zeit wirklich laecherlich oder nutzlos gemacht hat. unserem nachtwaechter aber gilt es nachzuweinen. unseren schlaf hat er beschuetzt & den der bauern im umkreis von den wirtshaeusern hat er uns heimgehen sehen .. kurzum wir haben ihm die naechtliche stadt geschenkt & er soll sie behalten. er hat das vertrauen verdient & bestaetigt daß sein beruf nicht nur ein brauch ist sondern eine ernste arbeit.
zurueck zum »funken privatinitiative«: es war in frueherer zeit so brauch in bruneck daß gewisse dienste durch stiftungen stipendien & aehnliche zuwendungen von privater hand entlohnt wurden. der lateinlehrer wurde so bezahlt die torwaechter die aerzte & bader. es mag illusorisch klingen wenn ich vorschlage daß sich einige historisch bewußte buerger zusammentun & fortan den waechter entlohnen. vielleicht koennte auch die feuerwehr etwas mithelfen ... ich weiß es nicht. ich bitte nur ueber das ganze nachzudenken & nicht so mir nichts dir nichts einen brauch dahinfahren zu lassen wie es bei uns »brauch« zu sein scheint. ■

Der letzte Nachtwächter von Bruneck, Michl Winding, bei seinem letzten Arbeitstag am 31. Dezmber 1972.

Turm der Rainkirche am Brunecker Schlossberg, auf dem die Nachtwächter der Stadt ihren Dienst versahen, um 1970.

Ansprache vor der KPI-Bruneck

[Sommer/Herbst 1976]

cittadini e compagni

con questa manifestazione il PCI/KPI rivela la sua esistenza a Brunico ed in Pusteria che sino adesso era latente: ed è questa la prima volta. Siamo partiti dalla realtà di 234 voti per il senato e di 352 per la camera. La simpatia che il PCI/KPI gode anche da parte della popolazione di lingua tedesca risulta da dati statistici e dall'analisi del voto locale: il 4,9% dei voti è andato a noi che ci stiamo formando in un gruppo di compagni senza pregiudizi etnici ed occupandoci al più presto delle classi sopresse esistenti pure nella piccola Brunico. Partendo da questa realtà ci siamo permessi di invitare i compagni ... per un chiarimento della posizione, del lavoro futuro e del nostro possibile sviluppo in provincia.

Geehrte Anwesende & Genossen,

mit diesem Abend wird endlich das Bestehen der KPI in Bruneck und im Pustertal bestätigt. Es ist wie eine Geburt. Wir gehen von der Tatsache aus, daß für den Senat 234 Stimmen abfielen, und für die Kammer 352. Genauso ist es eine Tatsache, daß viele deutsche Wähler die KPI vorgezogen haben, auch wenn die SVP einen Triumph im Pusterer Bollwerk feiern möchte: knapp 5% (4,9%) in dieser Stadt sind mit uns, und wir sind dabei, ohne sprachlich-völkisches Techtelmechtel eine Gruppe zu bilden, die sich für Tal und »Kleinstadt« einsetzt. Deswegen haben wir es uns erlaubt die Genossen ... einzuladen, damit Klarheit herrsche über die Lage, die politische Arbeit und unsren weitern Weg in Südtirol.

Il Partito Comunista Italiano è l'organizzazione politica d'avanguardia della classe operaia e di tutti i lavoratori i quali, nello spirito della Resistenza e dell'internazionalismo proletario e nella realtà della lotta di classe, lottano per l'indipendenza e la libertà del paese, per l'edificazione di un regime democratico e progressivo, per la eliminazione dello sfruttamento dell'uomo sull'uomo, per la libertà e la valorizzazione della personalità umana, per la pace tra i popoli, per il socialismo.

(dallo **Statuto del Partito Comunista It.**)

Die Kommunistische Partei Italiens ist die politische Organisation der Vorhut der Arbeiterklasse und aller Werktätigen, welche im Geiste des Widerstandskampfes und des proletarischen Internationalismus, im Klassenkampf für die Unabhängigkeit und die Freiheit des Landes kämpfen, für ein demokratisches und fortschrittliches Regime, gegen die Ausbeutung des Menschen durch den Menschen, für Freiheit und Bewertung der menschlichen Persönlichkeit, für Frieden unter den Völkern, für den Sozialismus.

(Auszug aus dem Statut der K.P.I.)

partito comunista italiano '78

kommunistische partei italiens

KPI-Parteiausweis des Jahres 1978 aus Kasers Nachlass (Innenseite unausgefüllt).

Bruneck, im Juli 1977

An den Bürgermeister und Rat der Stadt Bruneck.

Betrifft: Europatage 77

Wir drücken hiermit unsren Glückwunsch zur gelungenen Organisierung und Ausführung der Europatage 77 aus. Damit wollen wir uns weder anbiedern noch negative Kritik üben, wie man es sich ja immer von uns erwartet, nein wir sind einfach mit Ihnen stolz darauf, daß es gelungen ist dem Volk ein paar herrliche Tage zu bereiten, Tage des Friedens, der Freude und der Festlichkeit, Tage ohne politisches Geplänkel. Toleranz und Verständnis gegenüber Gästen und Einheimischen haben Sie und wir bewi[e]sen. Als Zaungäste politischer Natur haben wir von der ersten Minute an teilgenommen und immer war einer von uns dabei . . . doch möchten wir in Hinkunft bitten, daß wir solche Feste mitgestalten dürfen. Keine Sorge, mit roten Fähnchen und geballten Fäusten kommen wir nicht, aber aktiv dabeisein wollen wir, denn nur 350 Wähler stehen hinter der KPI der Stadt.

Es ist mancher Fauxpas (wie der Franzose sagt) passiert, was in einem solchen Fall, bei der Fülle des Dargebotenen unvermeidlich ist (zB. Flaggenhissung im Tschurtschenthalerpark), aber weder wir noch Sie haben sich zu politischer Diffamierung oder Störung verleiten lassen. Daß von den Kirchtürmen Schützenfahnen flatterten, ist Sache der Kirche und eine Geschmacklosigkeit. Ausdrücklich betonen wir, daß hinter den versuchten und zum Glück mißratenen Quertreibereien keiner von uns Genossen stand: Flugblätter haben wir nicht verteilt, Sit-ins liegen uns fern. Aus unsren beiden Telegrammen geht nichts weiter hervor, als der Wunsch, daß Europa geeint und frei sei in jedem Sinne. Bedauerlich ist nur, daß für Sie, Tielt und Groß-Gerau Europa beim bösen »Eisernen Vorhang« aufhört. Sind Ungarn, Tschechen, Bulgaren usw. keine Europäer? In diesem Sinne bitten wir Sie weiterzuarbeiten. Bei diesem Aufwand, den wir uns in den letzten Tagen geleistet haben, können wir Brunecker ohne weiteres noch einen Partner haben. ▪

An Rosmarie Judisch gegeben zu bruneck 110877

■ mitte juli hatten wir in der stadt große feierlichkeiten die sich euro patage nannten mit umzuegen musik folklore heldenehrungen & halt dem ueblichen tam-tam. wir sind naemlich mit gleich drei westeurop aeischen staedten verbruedert: tielt in flandern groß-gerau (brd) & m it der linksgerichteten provencestadt brignoles was unsrer stockkon servativen gemeinderegierung sauber nicht paßt. wir genossen von d er KPI haben unsre weißen handschuhe hervorgezogen & scheinheil ig zutiefst bedauert daß wir nur passiv am jubel teilnehmen konnten weil man uns kulturell bewußt schneidet aber wir haben mit viel hoe flichkeit & schlauheit unsre karten mitgemischt uns mit den franzos en verbruedert & waren jederzeit mit der krawatte vorhanden was u nsren buergermeister (groeßter kapitalist & hotelier am platze) & de n gemeinderat arg gegiftet hat . . Du kannst Dir vorstellen hier kennt jeder jeden . . aber diesmal mußten sie uns als partei zur kenntnis ne hmen & der vizebuergermeister hat sich geschaemt weil er von klaus & mir auch oeffentlich geduzt wurde was privat seit eh & je der fall ist. ■

An Rosmarie Judisch bruneck 180778

■ man hat hierzulande einen schweren stand zumal das bundesdeut sch-bayrische monster franz josef strauß seinen stockrabenschwarz en schatten ueber die grenze wirft. da kann oft nur ein ordentlicher tiroler wein & ein gutes italienisches nachtmahl drueber hinweghelf en. die beschimpfungen die ich mir meiner haltung wegen oft anhoer en muß passen in keinen brief. roter bock ist noch gelinde. ■

Brunecker Europatage 1977. Oben links und unten: Festumzug am Kapuzinerplatz. Auf der Ehrentribüne am Graben (Mitte rechts) sitzt Südtirols Landeshauptmann Silvius Magnago, zu seiner Linken Brunecks Bürgermeister Haymo von Grebmer. Oben rechts: Blick ins Festzelt.

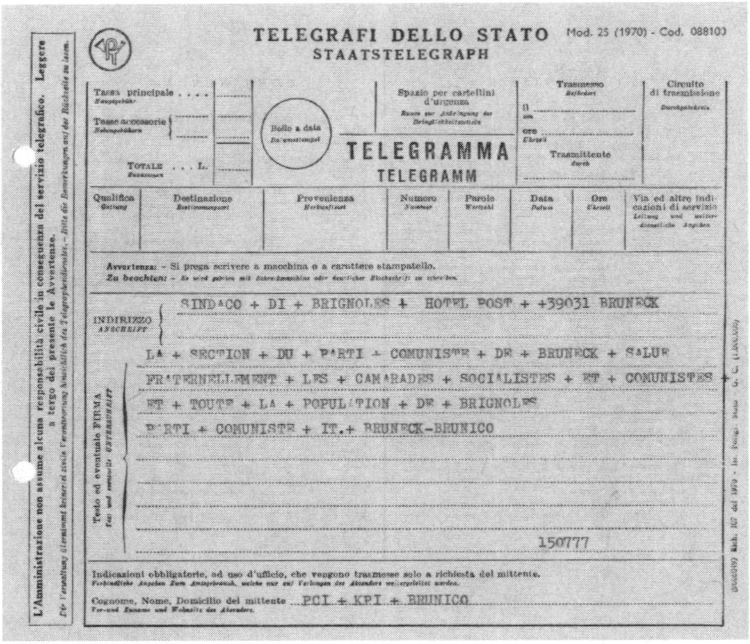

TELEGRAFI DELLO STATO Mod. 25 (1970) - Cod. 08810

STAATSTELEGRAPH

TELEGRAMMA

TELEGRAMM

Tassa principale

Tasse accessorie

Totale . . . L.

Bollo a data

Spazio per cartellini d'urgenza

Trasmesso

Trasmittente

Circuito di trasmissione

Qualifica	Destinazione	Provenienza	Numero	Parole	Data	Ore	Via ed altre indicazioni di servizio

Avvertenza: – Si prega scrivere a macchina o a carattere stampatello.

INDIRIZZO / ANSCHRIFT: SINDACO + DI + BRIGNOLES + HOTEL POST + +39031 BRUNECK

Testo ed eventuale FIRMA:

LA + SECTION + DU + PARTI + COMUNISTE + DE + BRUNECK + SALUE

FRATERNELLEMENT + LES + CAMARADES + SOCIALISTES + ET + COMUNISTES +

ET + TOUTE + LA + POPULATION + DE + BRIGNOLES

PARTI + COMUNISTE + IT.+ BRUNECK-BRUNICO

150777

Indicazioni obbligatorie, ad uso d'ufficio, che vengono trasmesse solo a richiesta del mittente.

Cognome, Nome, Domicilio del mittente PCI + KPI + BRUNICO

L'Amministrazione non assume alcuna responsabilità civile in conseguenza del servizio telegrafico. Leggere a tergo del presente le Avvertenze.

Die Brunecker KPI-Sektion grüßt Bürgermeister und Genossen der französischen Partnerstadt Brignoles „fraternellement" (oben). Kaser sendet den Gruß als Wortspiel „fratellernment" gleichfalls an die Brunecker Parteifreunde (unten).

Südtiroler Kulturzentrum – Sektion Bruneck

Vorwürfe:

1. wenn man jemanden zu einer so immens wichtigen Versammlung einlädt und über Probleme zu diskutieren hat, so macht man dies nicht zwei Stunden vorher und auf klammheimliche Weise, sondern etwas früher, damit sich der Gegner zumindest in etwa vorbereiten kann. (Betr. Versammlung 280777)
2. reden wir gar nicht vom höflichen Ton Ihrer Einladung, sondern gehen wir auf Ihre Anpöbeleien ein. Wir sind kein »linker Kreis« unter Anführungszeichen, sondern die Brunecker Sektion PCI-KPI mit eingeschriebenen politisch tätigen Mitgliedern. Das ein für allemal. Jedes Parteimitglied kann als Person an kulturellen Veranstaltungen teilnehmen, kann das aber nicht als Einzelperson im Namen der Partei tun, außer er ist von ihr delegiert; jeder von uns kann lesen, hören, schreiben, malen, blasen etc. was ihm beliebt und steht nicht unter Zensur. Das scheinen Sie nicht gewußt zu haben, deshalb sei es hier nocheinmal gesagt.
3. Sie meinen, wir seien beunruhigt gewesen. Sie haben nichteinmal die »rechten, führenden Schichten« beunruhigt, was Sie mit Ihren Aktionen sicher bezwecken wollten. Wenn Sie unter »Beunruhigung« Distanzierung und Ablehnung meinen, haben Sie recht.
4. Wir haben destruktive Kritik geübt. Darf man das denn nicht mehr? Da sind wohl abschätzende Bemerkungen am Platze. Wenn Sie sich als gesamte Gruppe oder einzelne von Ihnen bedroht fühlen, dann sind Sie wohl sehr sensibel und entsetzlich tapfer, bildlich gesagt: Der linke Löwe will den linken Hasen fressen. Wir haben uns nicht hinter Ihrem Rücken aufgeregt, sondern nur über zwei Aktionen geärgert, weil es Aktionen waren, die keineswegs mit dem Europafest etwas zu tun hatten, die nur die gesamte Linke von Bruneck lächerlich machen konnten, was zum Glück nicht gelungen ist. Kindische, linkische, unpassende Aktionen. Normal Denkende halten ihr Picknick anderswo, und von wegen Freiheitsgeschrei und erhobenen Fäusten, da versagt unsre Vernunft und unser demokratisches Denken.

5. Wir fühlen uns vom SK keineswegs sputtaniert (veräppelt wäre das deutsche Wort), wir sind schließlich kein Kulturverein und heißen zu Ihrer genauen Information PCI-KPI. Wir brauchen nicht zu drohen und schöne Worte zu machen. Das sind faschistoide Unterstellungen. Unsere Arbeit hat Sie bisher nicht interessiert, die Ihre hingegen finden wir hochinteressant und für die Arbeiter und Bauern äußerst gewinnbringend, zumal ja auch eine Gewerkschaftssekretärin mitstreitet, was wir uns nicht leisten können.

fragende Vorschläge

— warum ziehen Sie als Kulturverein nicht mit Trummeln und Pfeifen über die Lande zu Bauern und Handwerkern, vor Fabrikstore, zu Kleinhäuslern, um mit dem kulturell unterernährten Volke Kontakt zu bekommen?

— warum legen Sie sich nicht mit den Schützen und anderen konservativen Kulturvereinen an? Fehlt wohl die Tapferkeit?

Abschluß: Wir haben jetzt den Eindruck hinterlassen, daß wir gegen alles, aber schon gar alles wären, was Sie unternehmen. Das stimmt keinesfalls. Aber bitte machen Sie in Zukunft Ihre Sachen besser, und da müssen Sie sich schon selber zu helfen wissen und nicht zuwarten bis positive, konstruktive Kritik vom PCI-KPI kommt, oder sollen wir vielleicht mit Inspirationen zu Diensten sein? Anerkennung und Mitarbeit würden unsererseits nicht ausbleiben.

Mit besten Grüßen

080877

Pressemitteilung Sektion der KPI Bruneck 6. 10. 1977

■ Die Sektion der KPI von Bruneck steht weder gedanklich noch materiell hinter den nächtlichen Wandschmierereien an der Mauer des Sternbach-Gartens und am Widum. Unser Verhältnis zur Kirche soll ohne Haß bleiben; für die Sudelarbeit extremer und infantiler Außenseiter bringen wir kein Verständnis auf. ■

Schmierer werken in Bruneck

Feministinnenparolen an zahlreiche Gebäude gemalt

Bisher noch nicht identifizierte Politschmierer besudelten in der Nacht zum Sonntag mehrere Gebäude Brunecks, darunter Kirchen und Schulen, mit in roter Farbe gehaltenen Feministenparolen und -symbolen. Ohne den Ermittlungen der Ordnungshüter vorgreifen zu wollen, muß vorausgeschickt werden, daß sich am Samstagnachmittag in einem bekannten Lokal der Rienzstadt Feministinnen und Mitglieder des sogenannten „Kulturzentrums" zu einer Feier getroffen hatten, bei der unter anderem genau jene Parole gefallen war („Mehr Häuser — weniger Kirchen"), die dann im Schutze der Nacht in Stadtindianermanier mit verkehrtem Sinn („Mehr Kirchen — weniger Häuser") auf die Pfarrkirche gesprüht worden war. Die lichtscheuen Schmierfinke wurden bei ihrer Tätigkeit bei der Pfarre übrigens von einem Augenzeugen beobachtet. Nachstehend eine Kostprobe der von den „demokratischen" Kräften verübten Aktion: Feministensymbol (Apotheke in der Stadtgasse und Ursulinenkloster); kommunistisches Emblem (Pfarrkirche und Mariner-Laube); „Aborto libero" (Ursulinenkloster); „Quanto siete belle" (Drogherie Staudacher); „Ci siamo" (Apotheke); „Sporca Moda Mariner" (Sporthaus Mariner); Fragezeichen (Realgymnasium); „Solo baby quando li vogliamo" (Baby Shop, Oberstadt); „La meta del cielo é nostra" (Unterrainertor); „Mehr Kirchen — weniger Häuser" (Pfarrkirche). Zu erwähnen bliebe noch, daß der überwiegende Teil der erwähnten Feministinnen offensichtlich deutscher Muttersprache ist.

Ob die in derselben Nacht in der Nähe der beschmierten Häuser durchstochenen Autoreifen an geparkten Pkws auf das Konto der gleichen Täter geht, muß von den Carabinieri erst noch geklärt werden. Wie viele Autos vom Vandalismus betroffen wurden, konnte nicht genau ermittelt werden; unseren Informationen zufolge waren es mindestens neun. So hatte ein Mechaniker allein am Sonntag nicht weniger als 29 „Platte" zu reparieren, wobei bei einzelnen Fahrzeugen gleich alle vier Reifen durchstochen worden waren.

Wie zu erfahren war, verfolgen die Carabinieri von Bruneck bereits eine sehr deutliche und vielversprechende Spur, so daß wohl noch in diesen Tagen mit einer Anzeige bei der Gerichtsbehörde zu rechnen ist.

Seitens der Brunecker Sektion des PSI, zu deren Sprecher sich bei der Gelegenheit Gemeinderatsmitglied Bruno Trenta machte, kam uns eine Erklärung zu, in welcher sich die Sozialisten von derartigen Schmier- und Vandalenaktionen unmißverständlich und eindeutig distanzieren und diese Art undemokratischer politischer Meinungsäußerung aufs schärfste verurteilen.

Berichterstattung der Tageszeitung *Dolomiten* vom 29. November 1977.
Eine erneute Distanzierung der Brunecker KPI von Wandschmierereien erschien am 6. Dezember 1977 in der Tageszeitung *Alto Adige*.

Die Stillen im Lande

Verzeihen Sie, wenn Sie mit einigen Daten von der letzten Volkszählung (1971) gequält werden. Auf italienischem Staatsgebiet leben 60.000 Pusterer, die sich folgendermaßen zusammensetzen: 47.000 Deutsche, 18.000 Oberlandler, 11.000 Töldra und Taufra, 8.000 Ladiner und 4.500 Italiener, kurzum ein rundes Siebtel des Landes sind Pusterer. Man versuche aber in den beiden Tageszeitungen ein Siebtel der Berichte zu finden, die uns betreffen. Oft werden wir tageweis totgeschwiegen und vergessen: wir sind uninteressant, bescheiden, still und träge. So einfach ist das. Wenn wir nicht gerade die Tollwut im Hause haben, einander umbringen, die Schädel einschlagen, geschieht bei uns nichts Nennenswertes, selbst unsre Hockeyspiele werden erst übermorgen besprochen. So leben wir friedlich in unsren Erdäpfeläckern, erneuern eine Kirche, weihen etwas ein und übergebens der Bestimmung oder fahren mit dem Auto gegen einen Baum. Kurz vor jeder Wahl werden wir, wie halt andre Talschaften auch, als Stimmviecher interessant. Die beiden Berichterstatter werden in Bozen zensuriert und mager bezahlt und passiert wirklich einmal etwas Aufregendes, so rückt Bozen mit seinen »Fachmännern« aus. Müssen wir denn ein Volk von Räubern, Dieben und Halunken werden, um noch der Erwähnung wert zu sein? Der ALTO-ADIGE weiß über die österreichische Innenpolitik genau Bescheid und über die Lebenshaltungskosten von Wien, die »Dolomiten« taten noch vor ein paar Jahren groß mit ihren Korrespondenten in Peking und Tel Aviv (wobei das nur abgeschriebne Sachen waren) und berichtet über Nordtirol mehr, als über uns. Einem Pusterer oder einem Chronisten kann die Nachrichtensperre bei der Mühlbacher Klause gleich sein und auch die Machenschaften der Journalisten. In unsren Dörfern und in unsrer Hauptstadt wird lebendiger gelebt, als in andren Landesteilen, die Skandale nötig haben und Bozen kann nur danken, daß wir soviele Pusterer hingeschickt und hergeliehen haben.

051177

Wiener Einmischung

Es ist beschämend und entwürdigend, daß der freiheitliche Abgeordnete Dr. Otto Scrinzi sich erfrecht das Brunecker Postamt vor das Wiener Parlament zu zerren und mit solchen Problemen seinen Außenminister belästigt. Ist denn das klassizistische Hohe Haus am Ring arbeitslos geworden, daß es sich um die Sorgen einer ausländischen Kleinstadt kümmern muß? Oder soll das für uns Brunecker eine Ermunterung sein, künftige Schwierigkeiten vor noch höhere Instanzen zu schleppen, etwa nach Genf, Den Haag oder New York? Bestimmt geht es bei der italienischen Post nicht immer mit rechten Dingen zu, aber der Direktor des hiesigen Postamtes hat genug Vorwürfe von Seiten der Gemeinde einstecken müssen. Man weiß welche Supergescheiten mehr Haare als Suppe vorgefunden haben und mit Absicht die Postbeamten in die Sprachenenge treiben, denn es ist einfach Negatives zu finden, wenn man mit solchen Vorsätzen kommt. Um das Postamt ist genug Wirbel gemacht worden, aber einen Sturm im Wiener Wasserglas ist die Angelegenheit nicht wert. Uns und dem Land steht es zu die hauseigenen Schwierigkeiten zu bereinigen, wenn wir dazu nicht mehr fähig sind, können wir zusperren. Wien hingegen macht sich in der Rolle eines sehr nervösen Feuerwehrmannes höchstens lächerlich. Bruneck, magst ruhig sein, mit Schutzengeln bist Du gesegnet.

181177

Anm.: Der Abg. Scrinzi beanstandete mangelhafte Deutschkenntnisse der Brunecker Postbeamten.

Altes Rathaus am Graben
und „Gelatihäusl“ vor 1966 (oben)
und nach 1966 (unten).

Brunecker Chronik

Großstadtallüren

Die Drohung ist in einem Schreiben der Gemeinde ausgesprochen und wird wohl wahrgemacht werden: Kioske und Buden sind vom Bauleitplan her nicht erlaubt . . (. . chioschi non sono consentiti dal piano urbanistico). Schön, also weg mit dem alten Zeug. Es fehlen uns die Parkplätze und die Straßen müssen umständlich die paar Häuschen umkurven. Nur immer fein säuberlich alles wegputzen, wie es mit dem alten Rathaus geschehen ist, an dessen Stelle jetzt eine schreckliche Schuhschachtel, mit zu kleinem Deckel als Dach, hersteht. Wie es mit den Brunnen geschehen ist, die da nimmer rinnen, bis auf den einen vor dem Sternbachpalais und den zweiten hochmodernen neuen »Blechfetzer« am Graben. Wie es mit einer Zeile hochbetagter Stadel geschehen wird, die von der Tauferer Seite hergesehen Skyline oder Silhouette bilden (Begriffe für Stadtplaner. Anm. d. Red.) und ohne weiteres ausgehöhlt und für herrliche Zwecke verwendet werden könnten, Garagen, Hallenbäder, Kultursäle usw. Aber nein, die moderne Stunde naht und eine Kiste wird sich neben die andre pflanzen, genauso wie den Kleingärten entlang der Rienz der Garaus vorbereitet wird. Das Jahr 2000 sieht Bruneck bestimmt ohne Denkmäler (Mariensäule, Kapuzinerwastl, Grebmerbüste), ohne Türme und Stadttore. Zurück zu den Kiosken: mit ihnen fallen natürlich auch verschiedene Bäume. Eine herrliche Pappel, ein paar Kastanien. Was machts? In jeder Großstadt, ob London, München, Mailand, Wien, sind Kioske, Buden und Standlen ein willkommener Farbtupfer, bei uns nicht. Auf dem sechseckigen »Gelatihäusl« dreht sich ein Windfähnchen mit der Zahl 1926, jedenfalls älter als viele Stadtplaner und Stadträte.

221277

Brunecker Chronik

In Sachen Hallenbad

Der neue *touristische* Schwerpunkt für Bruneck ist ins Reipertinger Moos gesetzt, mit all seinen *ungeahnten Möglichkeiten*. Da wird geschwätzt von sportbedürftiger Schuljugend, Vereinen und dem echten Anliegen der Bevölkerung und im selben Atemzug vom härteren touristischen Konkurrenzkampf. In der komfortablen Werbebroschüre verschiedener Brunecker und Pusterer Größen, die es nötig haben ein Zubrot zu verdienen, stehen solche Dinge chlorwasserblau auf weiß und betteln um Aktien. Ein Hallenbad hat Bruneck lange schon nötig, aber weil es den Planern so paßt, muß es im Reischach stehen und Crontour-Hallenbad heißen, damit die Fremden im vollen Skidreß direkt von der Piste ins Wasser plumpsen können. Natürlich wehren sich die Herren gegen manchen Vorwurf asozial gewesen zu sein, aber die Gegenbeweise stehen auf den Füßen des Geldbeutels, denn alles ist nur Frage einer guten Organisation, und da hat Bruneck von jeher geglänzt. Wie »volksnah« ist denn das modernisierte k. u. k. Schwimmbad ausgefallen: ein Rasen wie Beton, ein Reglement wie im Straflager, kinderfreundlich mit glühendheißer Rutschbahn . . noch ist nicht Sommer zum Stänkern! In Bruneck-Stadt war für ein Hallenbad sowieso kein Platz, denn da fehlen, laut Prospekt, Sonne, Wind und Wetter, Landschaft und Aussicht, Nähe zur Sportzone, Störungsfreiheit und Bauleitplan. Danke! Ein Berufstätiger wird sich kaum in der Mittagspause nach Reischach quälen, ein Kind muß man hinaufbegleiten, zu Fuß gelangen nur Wandervögel hin, der Rest ist bestimmt ein teures Vergnügen bzw. keines . . dafür wird statistisch belegt, daß Brunecks Fraktionen 5118 Seelen zählen und die Lage günstig sei. Auf zum wasserscheuen Bauernpreisschwimmen und Traktortauchen. Von wegen sozial oder freundlich bei diesen »urgemütlichen« Viereckgrundrissen und -plänen! Von wegen sozialer Einrichtung, bis auf die Ermäßigung für Aktionäre! Punktum, so eine Anlage hat so nah wie möglich beim Zentrum zu liegen, jedem zur Hand. Die Benutzung hat erschwinglich zu sein und nicht durch Nebenkosten (Benzin, Bus, Zeitverlust usw.) belastet zu werden, sonst können wir das Großbozner Schnaderhüpferl anstimmen: ein Schwimmbad welln se a no hobm ... damit die reichen Fabrikanten, schwimmen wie die Anten in ...

[Jänner/Februar 1978]

Brunecker Chronik

Eine Straße unter Anklage

Wenn jemand lebensmüde sein sollte, so kann dem Übel überraschend und schnell abgeholfen werden: er braucht nur zur Abendzeit nach Reischach zu wandern, auf der Normalstraße versteht sich, und seine Todeswünsche werden erfüllt. Aber es braucht gar nicht finster zu sein, selbst bei Tag sind Unfälle genug geschehen. Sicher kann man auch auf beschaulichen Wald- und Wiesenwegen das Dorf erreichen, aber wenn jemand heim will und noch dazu direkt an der Straße wohnt, hat er wenig für Spaziergänge übrig. Auf Autostraßen scheint der Fußgänger rechts- und schutzlos zu sein, Freiwild wie jene Hasen, die von Brunecker Autonarren auf dieser Strecke nächtens aus Spaß und Sport totgefahren (= gejagt) und verspeist werden. Tatsache ist ebenso, daß Probefahrten aller Art veranstaltet werden und da sich das städtische Nachtleben nach da oben verlegt hat, ist gesorgt für Gefahr rund um die Uhr. Von den Hinterschlößlern, die unter dem bestrahlten Schlosse hausen, bis zur »Kupferkanne« kein Tropfen Licht bis auf die aufgeblendeten Scheinwerfer der Autos. Da wohnen ja nur gewöhnliche Leute: kein Gehsteig ist nötig, keine öffentliche Beleuchtung. Tröstlich und schwach blinken auf halbem Weg die Laternen an den Haustüren der Rücksiedler. Auf einer Seite stückweise eine mannshohe Betonwand, an der man bestens zermalmt werden könnte oder hingeschleudert, nichteinmal eine Gosse zum Landen. Kein Ausweichen, kein Sprung würde retten. Wie lange braucht es, bis die Gefahren entschärft sind, wie lange noch plant der Tod mit?

060478

Brunecker Chronik

Neues vom Zebra

Das Zebra ist ein seltenes afrikanisches Wildpferd, gestreift in seinem Fell, kommt es in Europa eigentlich nur in Tiergärten und auf den Straßen vor. In Bruneck ist das Zebra sehr, sehr selten anzutreffen, denn einen Zoo haben wir nicht und die Streifen des geschützten Tieres sind verwischt und verwaschen vom Winter her, so daß wirklich nur eingeweihte Einheimische und Kunsthistoriker die spärlichen Spuren ertappen, ertasten und begehen können. In der Hauptverkehrszeit werden dann die Gemeindearbeiter losgeschickt mit weißer Farbe. Für ein paar Tage wird sich dann eingleisig eine Autoschlange durch den Ort schleppen, weil die Maler, denen ohne weiteres der Titel »Restaurator alter Fresken« zusteht, pinseln und die Farbe trocknen lassen müssen. Im Herbst ist das Zebrafell strapaziert, im Winter decken es Matsch und Schnee, im späten Frühling erst wird es erneuert für einen kurzen Sommer lang, damit die Fremden wissen wo es »langgeht«. Wie man weiß, gibt es halbwegs wetterfeste Warnschilder »Achtung Fußgänger«, aber die scheinen wohl zu teuer zu sein, denn zu wenige sind aufgestellt, um das arme afrikanische Pferd anzuzeigen. Auf dem Kapuzinerplatz, dem Gilmplatz usw. nichts als Überreste von Malerei, was mehr verwirrt als hilft. Zwar gibt es auch einigermaßen erprobte weiße Platten oder Pflaster, die sich legen ließen und bestimmt zwei Jahre halten würden; es muß ja nicht gleich Laaser Marmor sein. Aber nein, frisch gemalt ist halb gewonnen! Und auf noch so belebten Nebenstraßen wird mit Farbe sowieso gegeizt, siehe die Europastraße, wo es des öfteren »tatscht«. Aber hiermit sind alle fußgehenden Bürger aufgefordert, gegen das mangelnde Zebra, gegen die fehlenden Warntafeln etwas zu tun und bei der Gemeinde mit Nachdruck zu melden, wo es fehlt. Zumindest sollte man im Recht sein, wenn man unter die Räder kommt.

[Mai 1978]

Straßenverkehr in den 1970er-Jahren an der Kreuzung auf dem Kapuzinerplatz (unten) und in der unteren Stadtgasse (oben).

Schloßbergdreck

Der Kalksteinklotz, auf dem unser Schloß steht, altehrwürdig, behäbig und mit Bäumen bestanden, wie es sich so recht für eine Burg gehört, mit allem romantischen Drum und Dran, und zu Füßen dazu das Stadtwahrzeichen Katharina am Raine, dieser Klotz ist ein Schloßberg aus dem Bilderbuch, mit spielenden Kindern, Rentnern, strickenden, schnatternden Frauen, mit Bänken in Schatten oder Sonne, mit einem Brunnen, dessen Gänseliesel der hauseigene Bildhauer Freiberger gemeißelt hat, was will man mehr. Bei näherer Betrachtung ist die Idylle ein einziger Schandfleck und Sauhaufen. Wer für diesen Zustand verantwortlich ist, weiß wiedereinmal der liebe Gott. Welche Kraftmeier zerstören die Bänke und schmeißen sie in die umliegenden Gärten? Wer hinterläßt die ganze Litanei von Wohlstandsdreck, Papier und Säckchen und Dosen? Und zwischendrin die Spuren liebesvoller, liebestoller Nächte! Was nützt es schon, wenn kurz vor Schulschluß ein Professor mit seinen Schützlingen eine pädagogische Hochleistung vollbringt und die Gegend säubert um gelobt in die Zeitung zu kommen. Das soll nicht heißen, daß die Handelsschüler, die im Schlosse hausen das allzu schlechte Gewissen mit einer einzigen jährlichen Putzerei loswerden können. Doch sie sind beileibe nicht allein am Dreck schuld, aber es ist logisch, daß jeder seinen Dreck fallen läßt, wo schon einer liegt. Eine Cola-Dose bleibt selten allein und der Gemeindebesen kehrt langsam und lieber den Graben. Als Entgelt wird nächtens aufwendig das Schloß bestrahlt, damit die Pärchen einander sehen und die Vandalen den morschen Bänken leichter den Rest geben können.

130678

Kirchen und Klöster

Gemälde des Heiligen Sebastian von Franz Hellweger (1861) am rechten Seitenaltar der Brunecker Pfarrkirche.

st. sebastian

sie haben ihn eingezogen
mit langem haar
das haben sie ihm rattenkurz
geschnitten

da ist er
ihr spott geworden & ueberhaupt
hat er nicht getan wie
sie
geflucht gehurt das pferd
zu tod geritten

einmal jagten alle uebers
feld
den feind erschlagen

keinen hat er ueber sich
gebracht
& war bleich im gesicht

ihre wangen waren rot
vor blut & bier & wein:
sie nehmen ihn binden ihn
& schießen auf ihn ein

mit der nacht kommen
engel seine todeswunden
lecken

hungerburg 260471

erstkommunion oder die gewaltsame begegnung mit gott

schon wochen vorher war der stundenplan mit religion uebersaettigt um uns armen wuermern den rechten geist einzugeben. die lehrerin – eine trockene unverheiratete person mit namen olga – mischte sich kaum in die vorbereitungen sie uebernahm nur den organisatorische n teil & ueberließ das sentimental-religioese dem dicken kooperator der umsomehr in unsren verunsicherten seelchen herumwuehlte. so recht herumwuehlte mit seinen patzigen orgelspielerfingern . . schon damals war er fett & weichlich was ihm spaeter den namen »schmal zl« eintrug. meine mutter konnte ihn nicht leiden er war bestimmt sc hwul im uebelsten sinn sanftmuetig & demuetig von herzen mach bi tte sein herz nicht gleich meinem herzen er war ein pfaff mit der vor liebe in besseren haeusern zu verkehren. zu hassen war ich damals n och nicht faehig doch ich konnte es nachholen da er mir noch oft ge nug ueber den weg lief . .
dann die proben beim schneider. ein alter schwarzer anzug meines st ief- & naehrvaters wurde von mamma aufgetrennt die teile & ich zu m schneider gebracht der hatte schwarze fette glatte haare & beim h emdkragen schauten auch noch welche heraus was ich verwunderli ch fand. in der ueberhitzten stube wurden ich & stoff vermessen . . d er anzug mußte groß werden um fuer ein paar jahre feiertagsdienst zu leisten. es war anfang mai truebe tage.
in einer hoeheren klasse wurde ein gedicht eingeuebt & fuer uns geh eimgehalten bis zum großen augenblick: wir haben dann sowieso nic hts davon verstanden nur einige muetter haben sich die augen gewis cht. beim walde & beim mahl wurden die gezierten kerzen in die ausl age gegeben auch marzipanfiguren blumen & silberkuegelchen fuer torten . . sonst merkte man an der stadt nichts doch fast haette ich d ie schleifen maschen straeußchen & weißen kleidchen in den fenste rn der stofflaeden vergessen . . das ist alles waehrend es in meinem h erzen lammfromm zuging & jede kleinigkeit fuer toedliche suende ge halten wurde waehrend ich im innern auf die stimme meines schutz engels hoerte & die des teufels – natuerlich war sie lockender & laut er – zu ueberhoeren versuchte. so hatte man es uns eben empfohlen & eingeredet. ich war auf schritt & tritt von inneren streitgespraech

en erfuellt die nicht stattfanden. die hoelle war uns aufgetan worden in diesen tagen & schaudernd standen wir am rand ihres feurigen sch lundes dafuer winkte am himmel eine kleine weiße scheibe umgebe n von strahlen leuchtend & durchscheinend mit den umrissen eines herzallerliebsten christkindleins. welche marter welche pein den stei nigschmalen pfad der tugend zu wandeln um endlich zur innigsten v ereinigung mit unsrem gott zu gelangen . .

schmalzl war nicht aufgeregt aber er schwoll an vor stolz. zu den m aedchen hatten wir keinen kontakt . . wir hatten von jeher getrennte schulen sie bei den ursulinen wir herueben in der knabenvolksschu le am graben: wir sollten nun mit ihnen kontakt bekommen was nich t eines jeden geschmack war denn es galt als voellig unmaennlich mit ihnen zu verkehren . . mir machte es nichts aus: ich war in einem sch warm davon aufgewachsen & spielte mit puppen mich interessierte nur wer beim festlichen aufzug meine partnerin waere.

die drei letzten tage:

montag: zwei stunden religion hintereinander. wir werden abgefra gt zehn gebote die fuenf kirchengebote Du sollst nicht beg ehren Deines naechsten weib die sieben todsuenden die g egenwart christi im allerheiligsten sakrament des altars Er kommt in Dein herz Du sollst nicht toeten ich komme mir vor wie der aergste v erbrecher moerder raeuber ehebrecher & suche nach suenden. die a ntworten aus dem katechismus weiß ich auswendig. ich stehe da mit meinen herrlichen segelfliegerohren kann alles auf meinen duerren beinen hersagen dinge die die stegener nie koennen & wenn genauso wenig verstehen wie ich. schmalzl hat ihnen gedroht – ganz scheinh eilig versteht sich – sie nicht zum tisch des herrn zu fuehren. mich w ird er hinfuehren weil ich brav bin lieber aber fuehrt er den wasserk opf christian m. vom betuchten tuchhaendler m. das kind und den kl aus m. wo der vater in der sparkasse ist die fuehrt er noch lieber hin. vielleicht war er eingeladen ich weiß es nicht mehr. hinten korrigier te die nicolussi olga – noch heut koennt ich ihr die haende kuessen w eil sie mich schreiben & lesen gelehrt – & kuemmerte sich nicht um die buttrigen ausfuehrungen des priesters der nach beendeter ausfra gerei wiedereinmal himmel & hoelle eroeffnet. ein tropfnasses mon umentalgemaelde . . die knie konnten einem einknicken was nicht b ei allen so war die weniger furchtsamen schauten hinaus zu den spa

Erstkommunion 1955

tzen die in den eben erbluehten kaestenbaeumen des grabens sprang en oder saßen. gegen ende nahm schmalzl eine schaebige blechbue chse aus der tasche & zeigte eine oblate . . eine nicht konsekrierte mit der man unheilig umgehen konnte sie betasten & beruehren . . daß si ch darin unser GOTT Er der erschaffer der welt verkriechen sollte war mir kein problem . . ich war gezwungen worden mich nach dies er ungesaeuerten scheibe mit gewaschenem innenleben zu sehnen & ich sehnte mich mit inbrunst danach & obwohl dieses schneeweiße p laettchen das durch die reihen ging noch ganz & gar unwuerdig unh eilig & wertlos war hob ich die hand & sagte: »der siegfried hat die ho stie abgeleckt«. schmalzl stellte ihn in seiner milde in die ecke. ich ha tte gelogen. & er fuhr fort was mit unserem herrn zu tun sei wenn er in brotsgestalt auf der zunge laege. nicht beißen nicht mit der zunge zucken bald schlucken die augen schließen mit ehrfurcht an den pla tz zurueckkehren mit den haenden das gesicht bedecken & an IHN denken der nun in uns sei. eine probe werde folgen. siegfried dachte nicht an die große suende die er beging & hoerte nicht auf meine win selnden hoellenmahnungen sondern zerschlug mir nach der schule d

ie gebeine.
ich zweifelte an der welt.
am nachmittag wurden mir beim jamnik schuhe gekauft. solche zum
hineinwachsen recht starre.
dienstag: in geistlicher hinsicht ließ man uns in ruhe. die lehrerin s
ammelte butter eier & zucker ein weil es brauch war im
kindergarten der neben der pfarre liegt den erstkommun
ikanten ein festliches fruehstueck mit torte & kakao zu verabfolgen.
weiters wurden tausend lire – damals viel geld – fuer das rahmen des
kommunionbildes kassiert ein bild das ueber die bettstatt gehaengt
wurde wie ein diplom & dort jahrelang haengen blieb im gedenken
an den tag der vereinigung. mit feiner gotischer schrift (haar- & schat
tenstrich) fuellte die olga nicolussi in die zeilen unter dem druck na
men datum & spruch »zur erinnerung an die erste hl. kommunion« &
der glaser seyr versah alles mit goldenem rahmen & glas. das hatten
wir den italienischen kindern voraus . . oh wir hatten ihnen viel vor
aus . . doch davon spaeter. letzte probe beim schneider der erste anz
ug meines lebens sitzt praechtig d. h. er haengt praechtig an mir & ic
h bin sehr stolz. beim walde wird die kerze gekauft nicht die teuerste
nicht die billigste ich bin schließlich ordentlicher leute kind. beim ko
derle die obligate schleife eine aus blitzweißem tuell mit akkuraten f
alten wie mamma es liebte. beim mahlknecht fuenf weiße nelken: dr
ei fuer den mittagstisch eine zur garnierung der kerze & eine fuers k
nopfloch & etwas asparagus als gruenzeug dazu. der tag des einkaufs
& fuer mich selber fiel nichts ab keine sueßigkeit kein saeftchen in ei
nem kaffeehaus als muesse man zwei tage nuechternen magens aush
alten. war mir auch gleich ich war dermaßen in froemmigkeit getau
cht daß mir nichts mehr auffiel. heimlich hat mir an jenem tag die d
uenne tante 20 glas specker zugesteckt die ich morgen bei der pause
gleich an reinhold des glasers sohn verlor. ich schlief schlecht in dies
er nacht morgen sollte die erste beichte sein . .
& ich habe ins bett getan.
mittwoch: der vormittag verging irgendwie gespannt & war endlos. e
iner von uns war krank geworden & hatte damit die marsc
hordnung des festtages durcheinandergebracht . . eben w
ie wir zum altar schreiten sollten. er tat mir leid denn er mußte am
sonntag dann mit den italienern erstkommunion halten & das war ei

ne schande. ich war der meinung daß ER die italiener genausowenig leiden konnte wie wir . . ihre erstkommunion war nichts rechtes. die buben hatten keine schleifen sondern armbinden & kuenstliche blum en am kragen ihre maedchen gar schleppten elendslange kleider & s chleier ueber die straße & die dunklen haare schaukelten ihnen zu k omplizierten locken gedreht um die ohren . . sie sahen aus wie die ste gener marktpuppen die auf der wohnzimmerkredenz von arbeiterfa milien zu sitzen pflegen. zerbrechlich prinzeßlich zuckerwerk. da w aren wir ein andres volk: schleifen wie generaele oder burschenschaf ter maedchen mit lichten zoepfchen & kraenzchen kurze luftige klei dchen die einen natuerlichen schritt erlauben. »firlefanz« war mam mas meinung zum italienischen auftritt. an ihrem tag spielte die mus ik nicht der dekan machte ein saures gesicht als waerens seine schwa rzen schafe auf dem chor zirpten keine geigen & der baß meines vat ers ließ kein kyrie heraus . . kirchlich hatten wir deutschen am tag de r italienischen kinder dienstfrei. schweinische apartheid von eltern & pfaffen genaehrt.
um zwei generalprobe & erste beichte in der pfarre. wir hatten schon ein paarmal geprobt aber ohne die maedchen. in den baenken mußt en die plaetze genau belegt werden damit jeder an seine partnerin ka m. zum tausendsten mal wurden wir der groeße nach geordnet wir f uellten je drei baenke . . des langen & breiten hatte man uns das wort »schreiten« erklaert & wir bemuehten uns redlich dem unverstanden en begriff gerecht zu werden: da schritt nun die erste bank nach vorn e empfing aus leeren haenden eine hostie aus luft schritt zurueck mit steil gefalteten haenden inzwischen machte sich in kunstvoller verfle chtung die zweite gruppe auf & dann die dritte an sich waere alles g ut gegangen wenn nicht der pirkl tillo gelacht haette sich dafuer von der grauen campidell selig ein boeses zischen & kopfnuesse einhande lte. bei der dritten schreitprobe genuegte es dem schmalzl & er zog seine buechse heraus & legte uns oblaten auf die zunge: ich biß nicht zu zuckte nicht & daheim angelangt versuchte ich hinter den vorgeh altenen haenden das klebrige brot unbeschadet zu schlucken. es hat te sich auf dem gaumen festgesetzt mit der zunge mußte ichs loesen & dabei wurde eine nudel daraus die endlich im schlund verschwand was mich aber entsetzte: wuerde ich morgen christus in dieser form aufnehmen? & er ließe sicher fuer diese unandaechtige & ungeschick

te behandlung seinen zorn an mir aus. ich nahm mir vor noch tausen dmal vorsichtiger mit Ihm umzugehen.
meine partnerin war – man stelle sich vor – die blitzburgtochter. vor her hatte ich sie noch nie gesehen. sie wohnte in einem entfernten st adtteil in dem ich nichts zu suchen hatte. eine wirtstochter sagte ma mma & margit heißt sie & ich war froh an sie geraten zu sein & nicht an eine von den hinterschloeßlern oder ruecksiedlern. es tut nichts z ur sache daß ich spaeter noch fuenf jahre mit ihr im gymnasium sein sollte & in sie zumindest bis zum hals verliebt war ebenso ist es nich t wichtig daß ich sie nicht mehr riechen kann daß sie doktorin & unv erheiratet ist mager & gealtert. damals mußte ich nur zusehen beim schreiten schritt zu halten wie sie morgen eingekleidet waere wund erte mich nicht. ich hatte selber sorgen genug.
die beichte ging schmerzlos vor sich. ich wisperte meine auswendig gelernten suenden durchs gitter. von frechheit unkeuschen beruehru ngen mit den haenden schwaetzen luegen etc. ging mein bekenntnis . . . gestohlen gemordet & ehegebrochen hatte ich noch nicht . . tiere gequaelt fertig. sonne fiel in unsren stadttempel ein strahl traf meinen beichtstuhl da schob mir schmalzl nach sueßen beruhigenden worten & dem alles erloeschenden segen ein dunkelblaues heiligenbildchen z u. es war ein durchsichtiges wie ich sie liebte eines zum anhauchen da rollten die sich naemlich zusammen was waehrend langer messen oder andachten eine abwechslung war. »zur erinnerung an Deine erst e beichte« fluesterte er sueßlich & entließ mich.
ich ging heim weil ich es versprochen hatte & nicht suendigen wollte.

himmelfahrtstag anno domini MCMLV

ich erwachte frueh so um halb sechs draußen sonne & ich spielte mit dem leintuch (wohlweislich mit nichts anderem) & wartete daß eine tuer ging um zu wissen mamma sei auf. die zeit verging einfach nich t . . ich hatte keine uhr obwohl ich sie bereits lesen konnte da nahm ich großmutters neuen rosenkranz & zaehlte die rubinroten glasperl en neun- oder zehnmal immer fuenfzig & dann begann der tag.
mamma war noch nicht ganz angekleidet meine schwester schrie wa sser war aufgestellt mich & sie zu saeubern da wird der fratz quietsc hen vor freude. der nachtwaechter war gegangen & die aushilfe fuer

meinen vater nocht nicht da . . man stelle sich die großzuegigkeit der firma vor: vater hatte den ganzen tag dienstfrei er war portier mit die nstwohnung. er schlief noch man hoerte es. der kuechenkaffee began n zu riechen monica wurde gesaeubert mehr als die haelfte von der o vomaltine ließ sie in der flasche aber ich durfte diesmal nicht den re st trinken mußte stocknuechtern bleiben auch lebertran bekam ich keinen. es ging nun ueber mich – schon gestern in die sitzbadewanne aus aluminium gesteckt – & wasser & seife nocheinmal. das anziehen war nicht besonders schwer nur viel zu frueh & ich mußte stillsitzen um keine falschen falten in die hosen zu bringen. in langen unterhos en kam vater in die kueche er roch nach schlaf & schweiß & gestrige m wein ich hingegen engelgleich . . sein zerschoßner rechter arm pe ndelte gleichgueltig aus der achsel heraus. eine silberne krawatte mit gummiband wurde an meinem hals festgezurrt & wenig spaeter kam der kampf mit meinen haaren: dieser wueste strohhaufen war zur fei ertagssorge geworden. mamma richtete das verhaßte zuckerwasserh aefchen & kaemmte mich . . den scheitel auf der hitlerseite weil es di e wirbel nicht anders zuließen. wiederum stillsitzen & aufs trocknen warten bis die frisur pappig & starr wie ein brett auf meinen kopfe sa ß. dann wurde mir die schleife umgelegt & auf der schulter mit einer unzahl geschickt versteckter sicherheitsnadeln festgenagelt & am kr agen die nelke. ich wars. monica wurde fuer die zeit zu frau walter ge geben die einen narren an der rutscheligen schreierin gefressen hatt e. auch die eltern waren gerichtet. bei der ersten kurve verlor ich die neuen schuhe . . mamma kehrte um & lief erregt um ein paar socken. am wegrand wurde der jammer behoben & die schuhe saßen.

wir kamen zu frueh aber waren nicht die ersten. vater ging zu den m aennern & kuemmerte sich nicht um uns. im pfarrhof flatterten die muetter wie die hennen besonders jene die toechterlein hatten . . ich wunderte mich nur daß die pfarrer einen so großen garten hatten . . davon hatte ich bisher nichts gewußt. meine schleife war verkehrt fe stgesteckt die lehrerin nervoes & zapprig wechselte sie um & ließ ei ne sicherheitsnadel offen die mich dann in der kirche schrecklich sta ch aber ich war viel zu fromm um daraus ein leid zu machen. tillo ha tte einen tintenblauen anzug der gut zu ihm paßte weil er immer tin te trank klaus m. war in dezent gemusterte graue garderobe gesteckt & der willi h. – ein kaufmannssohn jugoslawischer abstammung der

Brunecker Pfarrkirche, um 1980.

es wirklich nicht noetig gehabt haette – machte die große ausnahme: mit struempfen & kurzen hosen. die maedchen standen bei ihrer boe sen campidell & trauten sich nicht zu ruehren wegen der weißen sch uehlein wegen der gelockten oder geleckten oder gezopften haare etc. & da kam sie die schwarze hinterschloeßlerin als letzte im lang en italienischen kleid mit unzaehligen rueschen & einem schleier & ihre zigeuneraugen waren aengstlich dumm & truebe & niegebeicht eter haß empfing sie. sie war sitzengeblieben & die groeßte & wuer de als letzte in ihrer fingierten pracht hinausschleifen zum tisch des herrn. hoffnungslos. die stadtkapelle spielte wir wurden aufgestellt die hohe geistlichkeit kam im ornat uns zu holen mit kirchenfaehnch en ministranten allem barocken drum & dran & uns zu geleiten in de n tempel des HERRN. der weg war wohl gesaeumt von zitternd erre gten muettern & weibern mit frischen schneuztuechern die luft voll blasmusik & glocken die sonne schien leichter wind ich war blind & taub. ich schritt. vor dem portal wurden wir angehalten wegen des gedichts das duennstimmig & unverstanden (es waer sicher des verst ehens nicht wert gewesen) zu unsren ehren ueber den platz flatter te. unsre grauslige pfarre war gestoßen voll. wie besoffen ging ich de n mittelgang vor & ertappte meinen platz den ich fast nicht fand weil er veraendert war. die ersten drei reihen waren jetzt mit roten tuech ern ausgeschlagen & mit blumen bedeckt die orgel schrie aus voller kehle zehn-zwoelf hintere reihen hatten ein zettelchen & weil ich schon immer gern gelesen habe las ichs: »fuer die angehoerigen« ich las es blind im tauben vorueberschreiten. beim gloria erwachte ich allmaehlich weil es so lang dauerte & die da oben das fiedeln geigen zirpen zwitschern nicht lassen wollten sondern dem Herrn & uns ein e unendliche lateinische & wie ich spaeter erfahren habe klassische katzenmusik herunterschickten. ich begann mit meinen steil gefalte ten haenden zu spielen: rechter daumen ueber den linken linker ueb er den rechten . . alles uebrige waere suende gewesen: sich umdrehe n schneuzen reden schwatzen etc.

[110575]

20. furz der allerletzte

Brunico,
Bruneck, 30. August 1968

Sittenzeugnis

Unterfertigter erklärt hiemit, daß K a s e r Norbert in sittlich-religiöser Hinsicht keinerlei Anlaß gegeben hat zu Klagen und für die Aufnahme in den Kapuzinerorden empfohlen we rden kann.

Adolf Werth
Dekan

* * *

Kapuzinerkloster, Ende der 1960er-Jahre.

rosenkranz

zum rosenkranz
habe ich mich
in einen
ausgedienten
beichtkasten
gesetzt

die fensterlaeden
auf und zu
geschoben
den vorhang
vorgezogen

und theater gemacht
indem ich meine
finger
wechselweise
herausstreckte

als es mir beim
geplapper zu
langweilig wurde
habe ich angefangen
auf beichtzettel zu schreiben

diese situation
des schreibens
dauerte genau
zwei saetzchen
lang

jetzo ist mir auch das
zu
fad

die beiden direktoren

einer pruefte die qualitaet
meiner kutte
der eine bedauerte sein
rastloses dasein

der eine gab mir drei
packungen zigaretten
und eine flasche
teuren
spanischen weinbrand

der andere
interpretierte es
philosophisch

BESTECHUNG

boes war ihr spiel
gut meine fratze

1. X. 68

ich
mache wieder theater
indem ich
meinen kopf
erscheinen lasse

beicht
kaes
ten
sind einfallslos

6. X. 68

stimmung

der abend weitet sich zur nacht
die gedanken werden unlogisch
der traum macht
sich bemerkbar
der trieb
der tod

8. XI. 68

An P. Ubald Pichler Bruneck, 21. Dez. 1968

■ Wenn ich in der Zelle sitze, so ziemlich verlassen, bin ich oft ganz gedankenverloren. Ich weiß dann nie, ob die Hl. Schrift oder das Physikbuch für mich wichtiger ist. ■

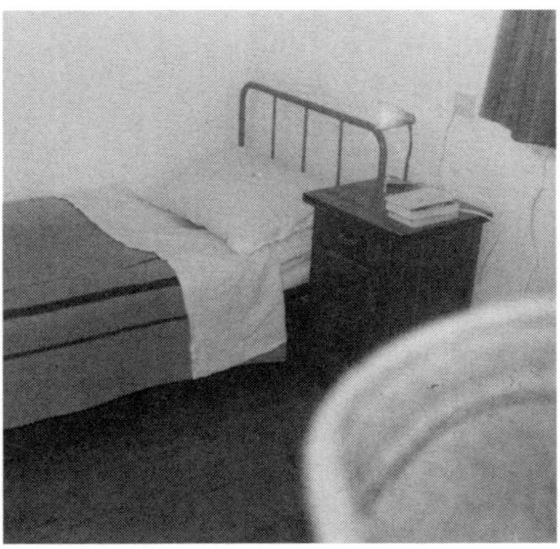

Aufnahme Kasers von seiner „Zelle 30“
im Kapuzinerkloster, Oktober 1968.

Zur Reformierung des Klosterlebens — Salern [30. Dezember 1968]

■ bisher		Neuerungen
5 Uhr 15	Aufstehen	
5 Uhr 30	Angelus	Aufhebung der Allerheiligenlitanei
	Laudes	oder Veränderung und Kürzung
	Allerheiligenlitanei	des Textes; evtl. längere Betrachtung
	Betrachtung	
		wenn es möglich ist, möchten
6 Uhr 20	Terz	wir die Terz durch ein gemeinsames
		deutsches Morgengebet ersetzen
6 Uhr 30	Konventmesse	die Gestaltung der Messe soll ganz
		in unseren Händen liegen
7 Uhr	Frühstück	
8 Uhr	Schule	7 Uhr 45 bis 8 Uhr 30 Schule
8 Uhr 30	Studium und Arbeit	
11 Uhr 45	Sext und Non	
12 Uhr	Mittagessen	die zweite Lesung möchten wir strei-
12 Uhr 40	Freizeit	chen und die Sitzordnung ändern
14 Uhr	Rosenkranz	der Rosenkranz sollte privat gebetet
14 Uhr 30	Studium und Arbeit	werden dürfen oder er sollte verkürzt
18 Uhr	Vesper	werden; man könnte ihn auch auf den
	Matutin	Abend verlegen.
	Betrachtung	17 Uhr 45 Kurzrosenkranz
	Angelus	
19 Uhr	Abendessen	das Totenbuch wäre zu reformieren,
19 Uhr 30	Komplet	die zweite Lesung soll ausfallen;
19 Uhr 45	Rekreation	das Abendessen sollte pünktlich
		abgeschlossen werden, damit
		man noch rechtzeitig Nachrichten
		hören kann.

Die Gewissenserforschung sollte privat gemacht werden können, da man nicht auf ein Klopfzeichen hin nach wenigen Minuten damit aufhören kann.

an Sonntagen

bisher		Neuerungen
5 Uhr 15	Aufstehen	6 Uhr 15 Aufstehen, damit man merkt daß Sonntag ist. Auch möchten wir am Sonntagmorgen das Chorgebet gerne in der Schule beten
6 Uhr	Konventmesse	7 Uhr Konventmesse ■

An P. Ubald Pichler Bruneck, 22. II. 1969

■ Vor wenigen Tagen habe ich von der Tiroler Landesregierung folgenden Brief erhalten:

Innsbruck, 10. 2. 1969

Hochwürden Frater Christoph,

> Die Jury der 20. Österreichischen Jugendkulturwoche dankt Ihnen für Ihre Einsendung, die mit Interesse gelesen wurde. Namens der Veranstalter lädt die Jury Sie herzlich ein, als Gast der 20. Österreichischen Jugendkulturwoche für die ganze Dauer der Veranstaltung (29. April bis 9. Mai 1969) nach Innsbruck zu kommen. ■

■ Ich selber möchte ganz gern nach Innsbruck fahren. Der P. Magister sieht darin ein[e] Form von Mission, von Werbung; ich könnte mich auf völlig neue Weise für den Orden einsetzen. Natürlich würde ich im Habit auftreten und schon damit zu Gesprächen herausfordern, die nicht nur Kultur und Dichtung angehen. ■

■ So bitte ich Sie nun um Ihre Meinung zu dieser ganzen Sache. Wie Sie wissen, liebe ich ganz kurze Antworten, wo man nicht lange herumüberlegen braucht.
Soll ich fahren?
Soll ich nicht fahren? ■

Die Kirche ist
mir zu
pervers:
ich laß
sie
im
Dorf.

unbekannter Autor der
20. Österreichischen
Jugendkulturwoche –
Innsbruck 29. April –
9. Mai 1969

da ich ein religioeser mensch bin

trete ich aus der katholischen kirche aus

damit verzichte ich auf die verabreichung der sakramente auf alle kir
chlichen funktionen wie trauung oder katholisches begraebnis
leider kann ich nicht »enttauft« oder »entfirmt« werden aber fuer m
ich ist das schon geschehen & wird mir in ewigkeit als mal Eurer un
wuerdigkeit haften bleiben.
1) meine politische meinung erlaubt es mir nicht im verband der kir
che zu bleiben & eine scheinehe wie soviele andere will ich nicht me
hr aufrechterhalten.
2) die haltung der kirche zu kapital & geld schlechthin ist mir ein gr
euel. die prinzipien der armut sind kaum von jemandem so hochgelo
bt & vergewaltigt worden wie von der kirche. ich bin auf keinen fall
bereit meinen glauben an GOTT zu bezahlen. ER ist unbestechlich &
seine irdischen vertreter sollten es ebenso sein. glauben wird gelebt
& nicht durch maestende bezahlung von unter- & oberhirten & ihren
teilweise wahnwitzigen projekten (= alles zur groeßeren ehre gottes
wie Ihr zu sagen beliebt) geleistet.
3) reden will ich gar nicht von der glorreichen liebelosigkeit der kirc
he & von ihrem scheinheiligen engagement im sozialen.

4) die verbohrte pruederie der kirche ist ein weiterer punkt. die allge genwart dieses organs ist mir zuwider mir genuegt es wenn unser HERR & GOTT ueberall ist. er hat es nicht noetig mit dem zeigefing er in das intimste des menschen zu fahren & verdorrung & verdamm ung anzudrohen, doch betrifft die aergerliche einmischung der kirch e nicht nur den bereich der sexualitaet: wenn man die kirche ernst ni mmt wie sie es wuenscht ist man mehr oder minder der meinungs- & gedankenfreiheit beraubt man bleibt zeitlebens ein unbeholfenes kind an der fuehrenden hand einer unendlich lieblosen gewalttaetig en großen mutter.

diese vier punkte duerften genuegen.

mein austritt ist unwiderruflich

versuchen Sie nicht mir nachzulaufen oder mich zu belaestigen wie das verirrte schaf – lassen Sie meinetwegen Ihre ewig opfernde lam mfromme herde ja auch nur keinen augenblick lang unbehuetet.

mit keinerlei hochachtung

ps. sollten formfehler in diesem schreiben sein die meinen austritt unmoeglich machen teilen Sie es mir schriftlich mit.
gegen eine veroeffentlichung meines austrittes im pfarrblatt od er an der kirchentafel habe ich nichts einzuwenden. Sie werden es wohl unterlassen denn wie ich die kirche kenne berichtet sie unfehlbar nur gutes von sich.

[bruneck, 6. april 1976]

Christtag

Leider ist der Frieden nicht ausgebrochen. Leider herrscht in uns nicht die Ruhe des Beschenktseins. Leider kann ich an hochheiligen Tagen meine Sticheleien nicht ausbleiben lassen, doch ein wenig friedlicher will ich heute sein. Auch wenn ich kein Pfarrer bin, habe ich gedruckte Grüße und Wünsche zu verteilen:

Lob sei allen Kellnern, die in diesen Tagen gut bei Fuß zu unsren feierlichen Wünschen stehen und laufen müssen, damit wir das letzte Geld in Festschmäusen und Tavernen loswerden können. Viel Trinkgeld sei ihnen beschieden.

Trost für diejenigen Kaufleute, die auf mancher Ware sitzengeblieben sind und sich über den Ausverkauf gerade jetzt den Kopf zerbrechen müssen, wo man doch endlich einmal gerne Ruhe hätte, beziehungsweise nicht oder pralle Kassen.

Lob sei den Mauteinhebern bei der Autobahn, die ohne Christbaum und Kleingeld den Ärger christlicher Fahrer zu spüren kriegen und das gleich rund um die Uhr.

Trost und verheißungsvolle Zukunft den Wirtsleuten, wenn etwa der richtige Schnee nicht kommen will, aber gegessen muß sowieso werden, gesoffen auch. Vor einem Infarkt verschone die Gehetzten der Herr.

Lob für die Vagabunden und Arbeitslosen, denn die Gesellschaft läßt sie in Kälte und wirft ihnen keine Brotkrume vom gebogenen Tisch, denn sie müssen sich mit Fusel über die Tage retten.

Für die Politiker hingegen wieder ein wenig Trost, denn ihre friedvollen Gesichter werden schnell wieder bissig.

Lob den diensthabenden Ärzten und den Pflegern, weil Krankheit und Tod die Weihnacht nicht scheuen.

Trost den Eltern, die krampfhaft ihre ungezogenen Kinder beschenkt haben und wieder feststellen müssen, daß es die gleichen »Fratzen« geblieben sind.

Lob den vollen Kirchen, denn manches verlorene Schaf läßt sich im neuen Pelze blicken. Lob dem Rundfunk und dem Fernsehen, die uns mit neuer Fadheit und heuchlerischer Andacht aus der Langeweile halfen. Vielleicht erübrigen wir Sportler, Freßsäcke und Frömmler noch einen Gedanken für die Gefangenen, Rauschgiftsüchtigen, Einsamen,

Entführten und Säufer. Vielleicht? Vielleicht haben wir vergessen, wen wir vergessen haben. Ich meinesteils bin froh wenn Spatzen und Hasen und Lawinenhunde gut über den Winter kommen und ich selber auch .. Wort zum Festtag. Amen.

211277

An Rosmarie Judisch bruneck 240178

■ in der kirche die nichte getauft & ich durfte nichteinmal pate mach en & die pamela francesca ueber's wasser heben weil die kathol. geis tlichkeit keine atheisten oder kommunisten leidet. gerade daß man mich noch in die kirche hineinlaeßt. zu meiner zufriedenheit hat pa mela furchtbar geschrien: sie scheint gegen heiliges wasser allergisch zu sein. ■

Ursulinenkloster in der Brunecker Unterstadt, um 1965.

Lesung in der Alten Schmiede in Wien, am 11. April 1978

■ Wir haben in Bruneck zwei Klöster, ein Ursulinenkloster und ein Kapuzinerkloster. Die Ursulinen haben die dumme Angewohnheit, genau in der Fastenzeit, Verzeihung: in der Faschingszeit ihr vierzigstündiges Gebet abzuhalten. Die Kapuziner, die natürlich seelisch und geistig die Ursulinenschwestern betreuen, hatten eine gute Angewohnheit, nämlich Stockfisch zu wassern, unter Wasser zu legen und den dann herzugeben und das war auch für die armen Leute eine relativ erschwingliche Angelegenheit. Heute wird das alles nicht mehr gemacht bis auf das – natürlich – vierzigstündige Gebet. ■

kloster [I]

aus den schalloechern
der ursulinen
toent es zur
vierzigstuendigen
anbeterei

eine frau
die in den lippen
rasch blaettert

ein bessrer film
fuer altweiber mit tuch
massive suende draus
in den faschingsgassen

weihrauch
harmonium
stinkgas
zischen um kirchbankplaetze
in zweierreih
schweben die klosterfraun

kloster [II]

faste
jetzt wo der
vierzigstuendige tabernakel
bei den klosterfraun
geschlossen

waer zeit
den stockfisch zu waessern
& den leuten das maul

Ihr tut nicht mehr
was des HERRN ist
hoechstens daß
bruder gaertner
spaeter dann
ein pflaenzchen
aus dem guckloch reicht

in den bergen
sollten Eure kutten jetzt
flattern wie salz

durchs schiff
geschluckter husten

eine frau
die in den lippen
schnell rosenkranz
blaettert

die rente sinkt
kaffee steigt
der bettnaessende neffe
der geliebte
fault wie kraut
die haarnadel sticht
& Die da Die da
ist eine schlange
vor mir
gib der mission licht
& den heiden
& geld

beim letzten glockenschlag
flattert
atemkurz
der diensthabende
kapuziner ein

den leib des HERRN
enthuellen
& sanften worts
die seel zu fuellen

amen

050278

& lake
& meer

durchs beichtgatter
sollte mild
der losspruch
riechen
nach stockfischhungertuch

kapuziner
Ihr naht Euch wie affen
den sitten der pfaffen

wo lange kein
psalmwind mehr
pfeift ueber
gras & schilf & rohr

johannes der taeufer
erbarme Dich ihrer.

060278

In der Schule

Klassenfoto aus der Brunecker Lateinmittelschule vom Mai 1961. Norbert Kaser (erste Reihe, Vierter von links), Religionslehrer (»Schmalzl«, erste Reihe, links außen), Musiklehrerin und spätere Brieffreundin Kasers, Maria Theresia Neuhauser (erste Reihe, Zweite von rechts), Deutschlehrer Clemens Auer (dritte Reihe, links außen).

An Helmut Niedermair [Bruneck] Jänner 1962

■ Heuer habe ich große Mißerfolge, in Latein liege ich am Boden, in Griechisch ebenso; in Deutsch werden meine Ideen verkannt. Ein guter Stern hinwiederum glänzt mir am mathematischen Himmel, in Italienisch, Geschichte und Geographie geht es mittelmäßig. Von den zweiundzwanzig Schülern vom Vorjahr sind siebzehn übriggeblieben ■

An die Schwester Monika Bruneck, 14. Juli 1966

■ am 12. Juli habe ich meinen ersten Prüfungstag gehabt und in Latein und Griechisch habe ich leider vollkommen versagt; am 18. Juli habe ich dann den zweiten schwarzen Tag, also ich hoffe, daß Du da für mich ein bißchen betest oder mir zumindest den Daumen hebst?! Stell Dir vor im Aufsatz in Deutsch, also in der schriftlichen Arbeit, habe ich einen Fünfer kassiert, dafür habe ich aber den Professer bei der mündlichen Prüfung staunen gemacht. In Italienisch mündlich ist es mir leider auch nicht großartig gegangen, aber in Latein und Griechisch bin ich dann völlig verstummt.

Die Paula hat schon alles fertig, die hats jetzt fein, kann auf den Lorbeeren ausruhen, die Milli ist halbverrückt und die B■ Margit hat einen Nervenzusammenbruch gehabt. Ich fühle mich noch verhältnismäßig wohl und gestern bin ich mit der Walde Karin und der Netti Sapino und der Paula auf den Issinger Weiher gefahren, die Karin hat alles zu Fetzen gezahlt und ich habe mir die Sonne auf den Bauch scheinen lassen ■

An die Mutter Ludwigshafen 15. Aug. 66

■ ach bitte verwinde doch endlich diese Matura, es läßt sich einmal nicht ändern und schlaf doch bitte. ■

■ Diesmal kann ich Dir sogar sehr erfreuliche Dinge schreiben: Mamma ich bin über Wasser! Meine Krise ist überwunden, jetzt werden wir den Spieß umdrehen, und wenn von nun ab jemand Geld schickt, so bin ich es ■

An Dieter Nicolussi-Leck Bruneck, 2. November 1966

■ »Kaser zum Direktor«! Ich gehe in die Direktion um mir den Herrn Direktor anzuhören: er schrie mich an, was ich mir einbilde. »Nichts besonderes, Herr Direktor!« Ich hätte schon am ersten Oktober zu erscheinen gehabt, so eine Frechheit, eine Messe, sei ja nur eine Messe,

das könne ich mir zu meinem Pläsier wohl erlauben zu schwänzen, ich wäre abgebrüht und glaube gar nichts mehr. Und was wäre wenn alle fortblieben, er brauche mich gar nicht mehr aufzunehmen. Da stieg so langsam die Galle in mir hoch, aber es gelang mir mich zu zähmen: »Herr Direktor, ich weiß, Sie haben Recht, aber ich habe mich durch meinen Vater entschuldigen lassen, ich konnte nicht wissen, wie er es vorbringen würde. Auch weiß ich was eine Messe wert ist und das nicht alle wegbleiben könnten. Aber ich hätte dadurch 50 Mark verloren, wenn ich früher gefahren wäre.« Ich hätte ihm schreiben können, ich täte überhaupt alles zufleiß, nur um ihn zu ärgern. »Herr Direktor, ich dachte, es genügte wenn mein Vater mich entschuldigte!« Gut denn, er wurde etwas süßer, ich wäre aufgenommen, aber er habe mir noch viel zu sagen. Er rollte die Augen, seine wenigen Haupthaare zitterten vor Ekstase, sein Brustkorb hob und senkte sich um besser schreien zu können, holte er tief Luft:
»Du machst uns alles absichtlich, so einen rebellischen Kerl, wie Dich habe ich nie gesehen, du spielst den prepotenten Haudegen und bei der Matura hast Du allein die Schule blamiert: alle Professoren haben sich gleich nach Dir erkundigt, Du bist auf Schritt und Tritt aufgefallen. Und damals, als Schulamtsleiter Ebner euch auf die Matura vorbereiten wollte, hast Du gelacht, Du Frechling ich hätte Dir am liebsten ins Gesicht geschlagen. Professor Auer hat sich beschwert, Du verließest während der Stunde ostentativ die Klasse! Sind meine Professoren denn alles Trottel? Du hast im Keller geraucht, in der Toilette und Du rauchst auf der Straße, wenn ich an Dir vorbeigehe, hast Du die Zigarette nichteinmal versteckt, Du rauchst auf dem Fahrrad, Du kannst Dich nicht bezähmen. Du bist ohnmächtig geworden und hast Schule geschwänzt, ich weiß ja doch alles, ich wollte Dich eigentlich gar nicht mehr aufnehmen, aber ich wollte, trotz allen Ärgers, den Du mir machst, immer gut sein. Auch bei der Matura konnte ich mir Deinetwegen nicht den Frack zerreißen, ich habe alles getan, Du hast mit Absicht dagegen gearbeitet. Ich werde auch heuer zu meinem Schaden nur das Beste mit Dir wollen ... « So ging die Litanei in allen Tonlagen weiter, ich hätte beinahe in die Hosen geschissen vor Zorn und Angst. Der Direktor hat sich sein Hemd trefflich gewaschen, der edle Beschützer unserer zarten Seelen, aber daß sein Selbstlob zum Himmel stinkt, weiß er nicht! ■

An Joseph Mair Bruneck, 11. 11. 1966

■ Ich bin das einzige Relikt unserer geliebten Klasse; ein Relikt aus einer anderen Welt, ein Wundertier oder nur ein Esel? Es gibt Fragen, die niemand beantworten kann, jedenfalls fühle ich mich sehr einsam, ihr geht mir alle ab und mein Kompliment: ihr ward alles Pfundskerle, meine jetzigen Schulkollegen sind nichts dagegen. Gott, wie bin ich allein?! ■

An Dieter Nicolussi-Leck Bruneck 22. Jänner 67 / 23 Uhr

■ Ich habe eine wunderbare Entdeckung gemacht, ich kann im tief angeheiterten Zustand Briefe schreiben, allerdings nur an Dich. Nicht aber daß Du meinst, die Rainkirchensauferei hätte wieder begonnen, oh nein ich bin erst beim vierten Bier und habe eine[n] furchtbaren Schiffensdrang. Weißt Du warum ich eigentlich trinke, d. h. warum gerade heute abend: nun ich konnte wegen meiner miesen Finanzen nicht zum Maskenball des MGV gehen und um mich nun zu trösten habe ich mich des Trinkens beflissen und mich gleichzeitig Deiner erinnert, Du kannst ja auch nicht auf den Ball ■

■ Ich habe mich in die neue Klasse nicht nur eingewöhnt, sondern fühle mich sauwohl darin. Nie hätte ich gedacht, daß ich so weit sinken (philosophisch gesagt: steigen) würde. Aber ich habe nur meine Vorteile davon: ohne Selbstlob gesagt, bin ich der Star der Klasse, was bei diesem lieben einfallslosen Haufen ja kein Wunder ist. Ich sitze nun groß und breit im Komitee für den Maturaball, der sehr hübsch zu werden verspricht. ■

An Dieter Nicolussi-Leck Bruneck, 31. V. 67

■ Soeben habe ich einen meiner Schüler entlassen, ich gebe nämlich Nachhilfe in Kunstgeschichte, was meinem Haushalt einiges einbringt. Kofler Peter, Mair Friedl, Steger Luis und Mittich Waltraud kaufen mir jedes Wort ab, verstehen tun sie alle nichts und ich sehe es erst jetzt wie schwer es ist gerade auf dem Gebiete der Kunst mit Worten zu kämpfen. ■

Oben: Lateinmittelschule und Lyzeum am Ursulinentor in der unteren Stadtgasse.
Unten: Klassenfoto 1964/65, Norbert Kaser hinten links.

An Dieter Nicolussi-Leck Bruneck, 1. Juni [1967] 6 uhr früh

▪ Mein zweites Referat behandelte Leben und Werk Kafkas. Es hat mir ungemeines Vergnügen bereitet darüber zu sprechen, und da ich mich selbst gern reden höre dauerte es gleich zwei Stunden. Der Auer war natürlich von mir begeistert. Himmel-Herrgott, hat der einen Brotneid. ▪

▪ Am Montag den 22. Mai habe ich das letztemal Schule geschwänzt. Es war herrliches Wetter und ich ging natürlich rienzwärts. Jeden Augenblick glaubte ich Dich aus den Büschen hervorbrechen zu sehen und ich erinnerte mich lebhaft Deiner faulen Turnhosen, die zu lange unter einem feuchten Stein gelegen hatten. Gott, schenke uns noch solch schöne Tage! Ich hatte ordentlich Proviant mitgenommen und lag tatenlos in der Sonne, vor mir Kafkas »Amerika«. Neben mir streckte sich ebenso faul der Baur Christoph. Langsam stieg Fieber in mir hoch und, als ob Gott mich strafen wollte, ließ er mich am folgenden Tag bettlägrig sein. ▪

freunde

billige mohrenkoepfe gabst du mir
revanchierte mich mit meinem wissen
von cranach
in der naehe vom klebelsberg
saßen wir auf einem lattenzaun
und dann
fotografierte ich dich in unterwaesche (25. IV.)
beim schwimmen in der rienz
beliefen wir alle berge im umkreis
der kleinstadt
nahmst du ein maedchen ich haett' es gewollt

[undatiert]

Maturaball im Jänner 1967.

Oben: Fotographie Kasers von seinem „Studierzimmer" im Pförtnerhäuschen.
Unten: Die bei Jugendlichen beliebte „Olgabar" im Sparkassengebäude in der Dantestraße. Beide Bilder aus den späten 1960er-Jahren.

An Dieter Nicolussi-Leck Bruneck, 1. Juni 1967 / Nachmittag

■ Lange zauderte ich ob ich Schuhe anziehen sollte, ich entschied mich für die Holzsandalen und radelte schulwärts. Auf dem Weg machte ich bei der Olgabar Station, trank, wie es so meine Sitte ist, Kaffee, zwei Brieflein Zucker und ein Glas Wasser. Den weiteren Schulweg werde ich wohl nicht weiter zu beschreiben brauchen. Vor der Schule warf ich meine Zigarette gerade auf das Heck des direktorialen Volkswagens, der Allgewaltige stieg aus und . . . lächelte hinterfotzig. ■

An Dieter Nicolussi-Leck Bruneck, 1. Oktober 1967

■ Ich lebe in Trance! Als ob ich selbst nicht wahr wäre. Schon wieder bin ich geflogen! Leider – und meine Hoffnungslosigkeit ist unendlich ■

■ Diese Woche habe ich die Schweiz bereist, alles per Anhalter, alles unter dem Damoklesschwert eines ungewissen Prüfungsergebnisses – es war wunderschön, die Nächte im Freien waren etwas kalt, das Schlafen auf Parkbänken hart und gefährlich, die Tage selber waren golden, meine Füße voller Blasen. Ich habe viel gesehen, ich war freier denn je. Am Freitag war es dann soweit; in St. Lorenzen lud man mich aus: ich war konsequent und hielt weiterhin Autos an. 1397 km hatte ich hinter mich gebracht: warum sollte ich zu Fuß nach Bruneck? Da begegnete mir Mair Friedl, nun wußte ich alles. Die letzten drei Kilometer waren weiter, als die ganze Fahrt. Oktoberfest, Kunsthalle Basel, Freiburger Münster, Villen in St. Moritz . . sanken dahin, konzentriert auf ein paar trockene, salzlose Tränen auf neun verpfuschte Jahre. ■

An Dieter Nicolussi-Leck Laas – Konferenzzimmer / 23. Oktober 1967

■ Den Unterricht finde ich großartig und ich habe mich in meinen beiden Klassen zu behaupten vermocht: nie hätte ich gedacht, daß in mir soviel »Lehrer« stecken würde. Ich bin ausgefüllt und ausgewogen, meine Nerven stehen sich prächtig ■

An P. Ubald Pichler Bruneck, 21. Dez. 1968

■ einmal bin ich satt vom Studium bis zum Erbrechen, als zweites bin ich faul und hänge lieber meinen Lieblingsbeschäftigungen nach, von denen ich weiß, daß ich die Früchte gleich nach dem Säen ernten kann. ■ Die Frage nach Sinn und Zweck nimmt mir oft mehr Zeit weg, als die eigentlichte Arbeit. ■ Soll ich mir, wenn ich eine Garantie haben will die Prüfung zu bestehen, das Noviziat verpatzen und das Studium als Höchstes setzen? ■

An P. Ubald Pichler Bruneck, 22. II. 1969

■ Gerade jetzt ist mein Maturastudium auf vier Fächer zusammengeschrumpft durch die großartige Prüfungsreform des Ministers Sullo. ■

Fotographie Kasers von seinem Schreibtisch in „Zelle 30" des Kapuzinerklosters, Oktober 1968.

An Maria Stieger bruneck, 7. 7. 69

■ kein geld mehr
unendlich muede
schriftliche pruefungen ziemlich gut gegangen
muendlich am 17. juli oder am 16.
2.500 lire unaufschiebbare schulden
schlafe furchtbar schlecht ■

An Clemens Auer Bruneck, 2. Aug. 1969

■ Weil ich nicht ungern von Ihnen zu meinen Sachen ein Urteil gehört hätte, wäre es sehr nett von Ihnen mich einmal zu besuchen. Natürlich können wir den Spieß auch umdrehen und ich besuche Sie zu einer Plauderei. Wie Sie wünschen! Schreiben Sie mir also bitte bald. Mein Terminkalender ist nämlich pumpvoll. ■

hymnus 13

an die worte meines deutschlehrers

urwaelder aus zeiten und woertern
bis auf die voegel baut keiner
nester hinein
wo den kopf hinlegen im unterholz
der phrasen wo jede fichte
mit himbeerstauden gepriesen
wird
ich will es anders sagen
ich kannte mich bei ihm nicht aus
und es ist arg   wenn raetsel
sich reiben
raetsel verdichten sich treiben
fruechte blueten fruechte beeren
das unterholz
hat steinhalden und schlangen
die koerbe der sammler werden voll
so

seine rede ein wald ein hag ein hain
der busch
schneidender farn
haselgerten schlagen um sich
nuesse platzen mir auf dem kopf
        die sammler aber werden reich
gut
manche sagen das waere fuer sie
verwunschen oder vergessen
haben wieder ihre rechtschreibfehler
urwaelder aus woertern
gestruepp
raeuber moerder darin geschaendete
verscharrte frauenleichen
haensel und gretel
aber noch viel mehr
                        sonne darin
                        novemberfaeden
                        dezemberschnee
christrosen   hallimasch und fliegenpilz
wo den kopf hinlegen im farn
                                ueberall

[1969]

An Joseph Zoderer   Bruneck, 3. 8. 69

■ Wir werden uns voraussichtlich etwas vor dem 15. September treffen, denn ich muss demnächst nach Wien wegen der Inskription. Ich habe nämlich so ganz nebenbei die Matura bestanden. Darf ich Deine Gastfreundschaft in Anspruch nehmen, wie Du sie mir im Mai angeboten hast? ■

wie in unseren hoeheren schulen fremde sprachen gelernt werden muessen. hier am beispiel eines hilfszeitwortes:

praesens	praesens konj. I	praesens konj. II	optativ
tui	(wenn) tat	tatte (tate)	tuie
tuisch	tasch	tasche	tuische
tuit	tat	tatta (tata)	tuita
tian	tatn	tattmo (tanatmo)	tiamo
tiat	tat	tattas	tiatas
tian	tatn	tattnse	tianse

futur	passatum	imperativ I	imperativ II
werr tian	honn gitun	tui	tuila
wersch tian	hosch gitun	tiat	tittla
wert tian	hot gitun		
wern tian	hobn gitun		
wert tian	hop gitun	partizipia	substantivierte
wern tian	hobn gitun		partizipia
		tianat praes.	
		gitun pass.	a tianato m
			a tianata f
direkte frage		indikativ	a tianats n
tuschette		tian	
tittasette			

sonderformen:
wenn i tian werrat (wur)
wenne tian werrasch (wursch) etc.

ausrufe:
haette là gitun
hoi wos tiatasen

werrat i tian? (wuri)
wursche tian? etc.

161172 fuer roswitha

Ihre Waffe ist unsere Toleranz [Dezember 1974]

■ Zurück zur »Bildung für alle«: nun, lieber Genosse »eb«, die Zeiten sind (fast) vorbei, wo wir von Geistlichkeit geleitete Edelschulen englischen Formats hatten, Edelgymnasien mit ein paar schmächtigen Bauernbuben als rechtfertigendem Aushängeschild, rechtfertigend für eine Schicht von konservativen Bürgern, die eben jene Bürger am Mittagstisch aus Barmherzigkeit herumreichten. Will der »eb« zurück, so an die sechzig Jahre? Was ist aus unsren hochwohllöblichen Internaten und Instituten nicht alles an bremsenden, großmütigen, festgefahrenen »Würdenträgern« herausgewachsen? Aus Proletarierfamilien wüßte ich niemanden. Von Entbehrungen, Kriegen und Rußland gezeichnet, im Faschismus geknechtet (aber von seinen Praktiken gelernt), vor Erfahrungen strotzend, mit klassischem Wissen belastet, habt Ihr Euch noch nicht zur verdienten Ruhe gesetzt, sondern giftet gegen alles und jedes mit einem Eifer, der Euch noch frißt. Einen Eifer mit Geifer umzugehen habt Ihr besonders bei allem Linken, weil jeder Linke (ungebildet und verhetzt, wie er ist) eine klare Angriffsfläche bietet, die Ihr nie besessen habt. Und schaut, viele Eurer Söhne stehen beim Feind (einige aus modischen Gründen, einige weil Ihr sie Euch mit Eurer Autorität und Toleranz gelangweilt habt!) und das betreibt Ihr in tiefster Sorge um die Jugend, der einmal die Zukunft sein soll.
Gebt ihr endlich die Zukunft heraus!
Sicher meint jetzt jeder, ich hätte »eb« auf den Kopf geschlagen. Das ist völlig unmöglich, er hat nämlich keinen. ■

An Siegfried de Rachewiltz flaas blauer erchtag / ■ 1975

■ vielleicht hast Du ihn gekannt den großen glatzkoepfigen profess or ALBUIN FORER aus muehlen fuer neun jahre mein lehrer in grie chisch & latein. ein mann von hoechster kultur nicht aufdringlich oft eine leibhaftige satire mit dem gesicht eines verschrumpelten apfels. 7 sprachen waren sein eigen griechisch hat er mich nur lesen gelehrt zum verstehen hab ich's nie gebracht das lateinische aber verdanke i ch ihm & unserer lieben mutter kirche das versteh ich noch heute mi t genuß. des uebrigen war [er] ein rechter dunkelmann man wußte nie wie man bei ihm dran war. seine politische karriere (& er hat eine saftige) wurde erst in den partezetteln enthuellt uns gegenueber war er weder sandner altbuergermeister noch landtagsabgeordneter no ch richter im parteischiedsgericht ob er je im krieg war weiß ich n icht. uns gegenueber war er enzyklopaedisches wissen wohldosierte weisheit & woerterbuch in einem. jetzt hat er wohl schon erde zwisc hen den falschen zaehnen & in den loechern seiner immensen nase. terra mater sua est fiat ei levis. ■

Arbeitsgespräch mit Ivo Barnabò Micheli [Jänner 1976]

■ *Micheli:* *Ja Norbert, ich möchte jetzt mehr eine Privatfrage stellen. Wann und wie hast du angefangen, deine ersten Gedichte zu schreiben?*

kaser: Ja, die Frage ist leicht zu beantworten: Ich hab in der Schule sehr gute Deutschnoten gehabt. Irgendjemand hat mir dann, es war ein faschistischer Lehrer, den Floh ins Ohr gesetzt . . .

Micheli: *Wo denn, in Bruneck hier?*

kaser: In Bruneck ja, bin immer in Bruneck Schule gegangen.

Micheli: *Ja –*

kaser: . . . hat mir den Floh ins Ohr gesetzt, ich könne gut schreiben. Da hat sich in mir die fixe Idee gebildet, schreiben zu wollen, nicht als Beruf oder . . . Zuerst war es eine Art von Scheinberufung. Dann mit der Zeit hab ich gesehen, daß ich wirklich schreiben kann. Und ich schreib eigentlich vielmehr aus Spaß, und wenn mir etwas Geeignetes einfällt, so kein konzentriertes wohlüberlegtes, stundenplanmäßiges literarisches Arbeiten – ich schreibe, wenn mich irgendeine Spannung überfällt, wenn ich irgendwo eine Spannung sehe, – »Spannung« ist überhaupt so ein Lieblingswort von mir. Nun, ich hab mit Lyrik angefangen, wie es so üblich ist.

Es waren Übungen, aber ich stehe noch zu jeder einzelnen Zeile, die ich mit achtzehn Jahren geschrieben habe. Ich schreibe jetzt zehn Jahre lang.

Früher war ich sehr penibel, habe alle Zeilen von mir gesammelt. Jetzt weiß ich selber nicht mehr, wo ich meine älteren Sachen finden könnte. Ich hab dann angefangen zu veröffentlichen, hab durch meine kompromißlose Haltung sowohl Freunde als auch Nichtfreunde mir zugelegt, und diejenigen, die es verstehen, und ich schreibe bestimmt selten was Unverständliches, sind entweder verärgert, oder sie sind meiner Meinung.

Sicher versuch ich auch bei meinem ganzen Schreiben Meinung zu bilden, Meinungen zu beeinflussen und ehrlich gesagt bin ich relativ eingebildet. – Schluß ... ■

Die Stadt der Kindheit

Brunecker Stadtgasse um 1955.

hymnus 10

an das was man gemeinhin
erinnerungen nennt

fuer elfi

selten steigt es auf das gefuehl
alles was man erinnerungen nennt
was da an locken zoepfen und maschen darin
baelle die unters auto rollen
kranke puppen   kleider fuer die kleinen
selten steigt es auf in schaukeln und
rollern   fahrraeder ein blaues
mit silber oder war es rot?

zerschlagene knie traenen den ganzen tag
spiele
am abend waren wir immer muede
schliefen wie steine   katzen schrien
uns in die traeume
das taschentuch hatten wir zerknuellt
unter die kopfkissen gestopft
die haende waren gewaschen
ueber die rienz flogen fledermaeuse
maikaefer in der viel zu großen kirche

unter dem schnee den wir mit unsern
schlitten abwetzten lag matt straehnig
dunkelgelb das gras von frueher

dann verkauften wir wieder bunte bohnen
je bunter je teurer   denn die puppen
hatten fieber
die zaehne fielen uns aus
die zaehne wuchsen uns nach

wir hatten auch warzen
haeuser wurden abgerissen
                                        unsere haeuser
haeuser wurden aufgebaut
                                        unsere
so lernten wir schwimmen   groeßerwerden
geschlagen haben wir uns nie
                                          selten ....

[1969]

fackelzug

das erste was ich
in meinem leben sah
waren zur musik
marschierende lichter

man sagte mir
spaeter die feuerwehr
hat einen fackelzug
gemacht durch die stadt

wir wohnten damals
noch in der stadtgasse
vater mutter plus ich
lichter waren das

erste was ich gesehen

[1969]

frueher

frueher rannen die wieren durch die stadt & ich habe mir immer ein
haus an ihrem ufer gewuenscht um heimliche dinge im notfall aus de
m fenster zu werfen. kleine bruecken gingen von der straße zu den h
aeusern. einmal ist die seyr herlinde beim turm hineingefallen & dan
n haben sie sie erst bei der walde-bruecke gefischt. das haus meiner g
roßmutter hat einen hinterausgang mit einer faulen holzstiege. von
da ging man ueber die straße – meine mutter als sie noch ledig war z
um waescheschwemmen – es war eine scheißkalte arbeit im winter –
zur kleinen bruecke dahinter liegt ein halbfertiges haus mit einem
wilden garten. auf der bank liegen katzen. das haus war von einer alt
en dame bewohnt & ihrem sohn. die alte dame hatte ein maulwurffe
ll um den hals von dem sie behauptete es sei ein edles erbstueck weit
ers besaß sie am auge eine knallgelbe warze die wollte sie noch in sp
aeten tagen wegschneiden lassen. sie redete gern von ihrem nichtexi
stenten familienschmuck beschaeftigte sich mit erinnerungen & erfa
rungen ueber kraeuter. aus holunderaesten lehrte sie mich pfeifen sc
hneiden. die potter-kathl briet auf dem stegener markt kastanien. ihr
en namen hatte sie von ihrem vater selig der ein potternmacher war
– damals beteten die leute mehr – er stellte rosenkraenze her (pater
noster).
die wieren waren teilweise mit holz ausgekleidet & verliefen parallel
zur rienz. als erstes kam die hofer-saege die mit wasserkraft betrieb
en wurde. da gab es ein gleis mit einer lore fuer staemme & bretter.
man mußte mit einem der winkler schulegehen oder dick befreundet
sein um darauf fahren zu duerfen. außerdem war da noch ein besond
ers schoener plumpf im winter wenn wir sebastianiandacht gingen z
u einem eisigen wasserfall erstarrt. im sommer wenn sie manchmal
die wiere stillegten bildete sich unter dem plumpf in der mulde ein
see recht zum baden & voller fische. beim mazzel-mueller wo ich im
mer fuer uns das mehl geholt habe – in zehnkilosaecken auf einem dr
eiradler mit schlechter bremse – war auch ein plumpf & einer bei der
oehler saege. beide bei weitem nicht so schoen. der mazzel-mueller h
atte einen guenstigen elastischen drahtzaun auf den ich auffahren ko
nnte weil die bremse nicht ging.

Oben: Blick von Osten auf Bruneck an der „Kuntner Brücke“ (vor 1962).
Unten: Verlegung der unterirdischen Wasserdruckleitung zur Stromerzeugung an jener Stelle (1962). Sie ersetzt die oberirdischen Flussableitungen (Wieren).

„in der hoelzernen schwimmschule wurde schwimmen & onanie gelehrt & klappernd blaulippig gezittert" (siehe S. 135). Im Bild um 1960.

die wiere hat ein unruehmliches ende genommen. ein paar einflußrei
che brunecker – voran der grebmer – hatten sich ein staedtisches E-
werk in den kopf gesetzt. dazu wurde die halbe stadt aufgerissen ein
betonrohr gelegt das nicht nur die wiere sondern auch die halbe rie
nz schluckt. das E-werk wurde bald danach verstaatlicht. uebrig sind
von der wiere ungute grundstueckspekulationen.
frueher mußte sebastianiandacht gegangen werden. ob das eine nove
ne oder eine oktav war weiß ich nicht mehr jedenfalls ging ich gern.
die frauen kauften elendslange kerzen fuer den altar es ist der hinten
rechts wo mein vater seinen stehstammplatz hat wenn er kirchen ge
ht der mesner stellt die barocken silberblumen auf & eine girlande a
us fichtenzweigen mit elektrischen lampen bedeckt den bilderrahm
en. sonst ist die kirche dunkel bis auf zwei einsame kerzen beim tab
ernakel. da huscht der priester aus der sakristei mit zwei ministrant
en nimmt den verhuellten kelch heraus & kommt zu uns herunter. de
r kelch wurde mitten in die kerzen gestellt & dann gings los. zuerst d
er rosenkranz ein stinklangweiliges gebet ich verfiel in irgendeine tr
aeumerei achtete auf das leise zischen einer frau mit falschem gebiß
auf die innigen seufzer der grohe emma und auf die kuesse die die st
emberger flora selig ihren rosenkranzperlen gab. dann dachte ich w
ie das so ist wenn die pfeile so daherfliegen & ins fleisch gehen. mir
wurde ganz gruselig dabei. ueberhaupt hatte ich mit diesem heiligen
viel mitleid. er war neben dem geroesteten laurentius mein favorit. w
eiters kam die litanei eine sehr spannende angelegenheit die vom mo
notonen bittfuerUns guenstig umrahmt wurde. am meisten interessie
rte mich der satz »sebastian von irene erquicket« weil mir diese iren
e viel kopfzerbrechen machte & ich nicht wußte was erquicken bed
eutet & ja das altarbild der tote nackte soldat haengt gewunden am b
aum die kerzen strahlen & flackern ueber seine muskeln & wenn ma
n die augen bis auf einen spalt schließt bewegt er sich.
spaeter habe ich mich oft gewundert warum gerade die frauen dies
en heiligen so lieben. vor zwei jahren habe ich beim leuthe eine erkl
aerung gefunden. das gehoert nicht hierher.
zwischendurch wurde noch fuer alle protestanten abtruennigen & fe
hlgegangenen christen gebetet sogar fuer die geaechteten juden dam
it ihnen das rechte licht aufginge. diese gebete habe ich nicht leiden
koennen. (weltgebetsoktav).

zum schluß der segen. weihrauch der alte dekan oder die baronin oben an der orgel ein graeßlich falsch gesungenes tantum ergo ein gutes gefuehl. der heimweg war bitter. ich war schon in der kirche ausgefroren in den zehen & fingern naegelte es mich & das nur weil ich mich weigerte wollenes anzulegen. ich hasse das kratzen von wol lzeug noch immer. auf dem linken bachdamm nach hause. mamma liebte den linken bachdamm weil er abwechslungsreicher war mit seinen baeumen der hofer-saege der ulbrich-weberei dem tennispl atz & dem brueggele. auch ein paar schleifen hatten wir uns angelegt. ich hatte einfach zu kalt der rotz in der nase wurde hart & scharf & von der rienz herauf dampfte das wasser.
am sonntag darauf ging ich mit den tanten st. lorenzen sebastianspro zession. davon ist mir wenig geblieben. die kirche war ein dunkler st all & die heiligenstatuen viel kleiner als unsre brunecker.
frueher bin ich mit dem pirkl tillo befreundet gewesen. er war der be ste taucher in der bruehe unsres schwimmbades wie sich ein piffke ausdruecken wuerde. unbestreitbar war ich in meiner volksschulzeit ein ekelhafter streber petzer & tratscher & weil ich klassenschwaech ster war & am leichtesten zu versohlen stand mir diese rolle recht gu t. ich hatte abstehende ohren ueber die ich noch heute verfuege. im davonlaufen bin ich meister gewesen & selbst mit den raedern war mir nur auf offener straße nachzukommen. in der stadtgasse war ich unerwischbar. oft rannte ich einfach in ein geschaeft & bettelte mich bei der hintertuer hinauszulassen. tillo hat mich oft versohlt & wie of t er mich in der schwimmschule gesteckt hat . . . mich wunderts daß ich lebe. der tillo war der schrecken der lehrer deshalb auch meiner trotzdem interessierten mich die briefmarken seines vaters die er mi r gestohlen fuer das gestohlene geld meines vaters verkaufte auch seine faehigkeit im zorn in schulhefte zu schneuzen bewunderte ich. seine freude an sprengpulver ganz allgemein war groß & wuchs sich zur manie aus. aus knallfroeschen kratzte er das pulver fuer seine ex perimente fertigte ladungen an mit denen er kleine schneehaufen au seinanderjagte: auf dem berg standen die gefladerten zinnsoldaten seines bruders manndi. das technische war sein feld es wurde zerlegt zersetzt zusammengesetzt zur waffe verwandelt. mir widerstand es oelige schmierige schwarze finger zu haben ich war naegelbeißer & in den haenden panisch sauber. doch eines hatten wir gemeinsam: se

xuelles interesse. im kasten seines vaters war die einschlaegige litera tur: kunst der griechen & aegypter & so tageweis darin herumgeschn ueffelt bewundert was noch aus uns werden wuerde begriffe wie gl ied & scham & brueste herausgenommen nebenbei onaniert allein ge genseitig geraucht in dachboeden hoefen verfallenen haeusern kelle rn.

[undatiert]

im wald

um die eisenbruecke zu treffen die ueber die rienz den zug traegt wa r der wald des oefteren mit bomben belegt worden im fehl. noch im mer faehrt der zug ganz langsam ueber das beschaedigte verstrebte gerippe & den kindern wird angst gemacht. ohne schaden hingegen oder groeßere wunden hat der wald die bombenloecher mit baeum en gebuesch & gras bedeckt.
das kind ging ins holz mit einem korb der an die waden reichte & sa mmelte foehren- oder fichtenzapfen die viel hitze gaben wenn oel h eiß werden sollte fuer gebackenes. an schlechten tagen waren die za pfen geschlossen & naß der korb brauchte ein ewiges vollzuwerden & ließ sich schwer schultern. gedaucht & laut atmend schleppte sich das kind heimwaerts. oben schwankten zwei parasole in der hosenta sche wurden pfifferlinge gequetscht ein zweig schoß scharf klatsche nd ins gesicht ließ ihm seine tropfen als traenen auf der wange. das waren die ereignislosen tage denn selbst des bahnwaerters hennen gi ngen nicht in den farn. vor ameisenbissen war man sicher & lustlos standen zwei wespen wache vor den eingaengen ihrer raubritterbaut en. das waren die friedlichen tage ohne zigeuner reh & aehnlichem w aldvolk. wars aber sonnig kam erregung in das kind die aufgesprunge nen duerren zapfen fuellten leicht den korb der unter den vogelbeer strauch gestellt wurde. es galt hennen zu verscheuchen ameisenstra ßen zu unterbrechen indem man gezielt gegen den verkehr fetzte od er zumindest spuckte mit zweigen auf die wespenloecher einzuschla gen zu hetzen verfolgt von wuetig aufgebrachten tieren deren flug b

esser gezielter & herrlicher war als alte laengst gestuerzte feindesflie
ger. vielleicht hatten sich in der schneise zigeuner gelagert & ein klei
nes ganz kleines splitternacktes maedchen tanzte klatschend im krei
s waehrend die maenner rauchten & einer auf eine buechse schlug. d
ie boesen zigeunerfrauen waren zum betteln unten in der stadt. das
wußte das kind. aber heute war der platz leer bis auf verkohltes holz
angerußte steine & trocknen mist. eine eidechse pfitschte davon der
waere gut den schwanz abschlagen damit er nachwachse. weiter dr
ueben die bombenmulden deren gras hochstand maehen lohnte nich
t weiden war verboten goettlich das hineinliegen & an einem locker
en milchzahn werkeln. zuerst wurden die mulden umschlichen das b
lut fing an dem kind durch den leib zu schießen zu rasen an den abst
ehenden ohren die fueße vermieden das niedergetretene gras von hi
nten her durch die stauden trugen sie sicher der gruene fiat weiter d
raußen hatte etwas zu sagen.
da war es das gurgeln & girrende gurren von wildtauben oder das ae
chzen schmerzhaft sich biegender staemme wo kein wind ging & die
toene in der flirrenden luft steil standen. das glucksen von wasser wo
keines in dem trocknen boden war das fluegelschlagen eines gestuer
zten vogels. das kind kroch heran den kopf weiter vorgeschoben bis
an den rand des milden kraters gerade recht die vier fußsohlen das
zucken ein strampeln anziehen austrecken noch schuhe dran sich au
fzurichten wagte es nicht bis es zu dem schrei kam der in bueschelin
erstickt erstarb da machte es sich davon.
am weg spielte das kind wartend mit der schleuder. da kamen sie: sie
hielten sich bei der hand mit der freien strich sie sich das haar er mit
seiner freien schlenkerte den karabinierirock. sie stiegen ein fuhren
davon.

271275

Draußen in Wäldern und Dörfern

Nahe Reischach bei Bruneck, 1979.

krahmoos

in den rinnsalen vom schnee
im getauten staut sich auf der flaeche
das wasser
das gras vom vorjahr
die foehre im sumpf verdorrt
der schrei verirrter wanderwasservoegel

die sonne waermt auf
so daß du die schuhe auf einen
ganz bestimmten
stein stellen kannst
die hosen auf kniehoehe
krempeln und waten und waten

im wasser des fruehlings
auf die insel zu auf die foehre
die du dann
liegend fotografierst
manchmal trittst du auf
einen zu frueh gelegten laich
oder auf eine hochzeitende kroete
die wirfst du dann
senkrecht in den himmel

und sie faellt – klatsch
ins wasser zurueck rudernd in der luft
zum sonnenbrand ist es zu frueh
zum laichlegen
zum schwimmen immer zu seicht

du kannst das schale gras vom vorjahr, wenns
    ueber das wasser ragt verbrennen.
die voegel hast du laengst vertrieben.
im waldschatten liegt schnee.
am morgen ist das moos ein parkett aus eis.

am spaeten nachmittag dann
    – wir haben ganze tage im sumpf vertroedelt
ist das wasser warm, klar und gelb wie
harn.
waten kannst du waten wellenwerfen
        kroetenwerfen
        gott einen enterich sein lassen
        die schuhe auf dem stein lassen
        unter der foehre feuer anmachen
        das kannst du alles

[7. 3. 69]

rienz

die kinder haben wie ihnen
die haende zum
schwitzen angefangen
die glockenblumen
in die erlen
geschmissen ...
... dieser bach
der nimmer endet

[31. 5. 71]

Blick auf Bruneck von Südosten. Am linken unteren Bildrand Flachdach der Fabrik Moessmer. Um 1960.

so fließen
denn dahin
die tage
wie die ahr
bei sankt georgen
gruen & still
& tueckisch

mich verstoert
gemaehtes gras
reifender klee
oder bauern mit
sensen

in der nacht
die katzen in hitze
plaerren
als waern's kinder

der fuchs bellt
nimmer
er hat
seine nahrung
eingebracht
beim letzten schnee
oder ist erschossen
worden
beim stehlen
des vorletzten
huhns

der arme vater!

[undatiert]

durch den erlenwald

rinnt ein bach
nicht durch jeden
erlenwald rinnt ein bach
nicht immer fahren
die zuege
an erlenwaeldern
langsam vorbei

auf dem grund fault laub

31. X. 68

diese stegener roßgesichter

der stallgeist
der haflinger rasse
diese halbgesottnen hengste
leide wer es will
ich nicht

pferde reden nicht
ihr apfel ist gedicht

so auch bei diesen

II
das roßgesicht
veraendert sich nicht
es vermehrt sich
hingegen
& putzt mit
der oberlippe
die zaehne

031277

da koemmt der M.
durch einen sternwald
mit offner hosentuer
die junge frau
erschrickt
mit'm kinderwagen
rennt sie
hervuer
in den sumpf

[23. 9. 1976]

die koechin eines pfarrers

die koechin eines pfarrers lebt mit ihm & ist jedes jahr
schwanger.
einmal im jahr geht sie weit ueber die letzten hoefe hinaus
dort wo man das tal voll ueberschaut – den talhang ent
lang dann bis zum ende & sie steigt herunter
in der nacht
weiß sie mit geschloßnen augen den weg vorbei an back
oefen muehlen die aufgelassen sind an zirmen vorbei henn
staellen kornspeichern.
den weg weiß sie
bis zum schmied
der nur einmal & ihretwegen am feuer steht sie zu beschlagen
& der ist stark &
nackt
er wartet haemmernd
wie funken springen seine sehnen
sein glied zittert aus der schwaerze seiner haare heraus & der
mond steigt & ist voll

sie ist da

ihren rechten bloßen fuß legt sie mit zu-en augen auf den
amboß & der schmied beschlaegt ihn mit einem kleinen eisen
auch den linken

in der esse springt kein feuer mehr
sie geht zurueck seufzend & es ist oesterliche zeit – im toten
schnee verliert sie blut nach tausend schritten den ersten na
gel – sie geht zu ihrem herrn die hoehe hinauf den talhang
entlang an allem vorbei
von einem ofen hat der wind eine schindel gerissen & ins feld
geworfen da bricht ihr das erste eisen
wie sie heimkommt ist laengst das zweite geborsten abge
fallen

ihr bett wird warm
leise bluten ihr die fueße

in seiner huette kauert der schmied die glut verlischt leuchtet
auf im zusammenfallen laeßt sein glied flackern
& er zerfaellt mit ihr

noch heute koennen wir kleine hufeisen auf den steilen fel
dern der talhanghoefe finden.

terenten 170471

abend der stuben

gebrochen alt zwischen den grauen dampfenden wollsocken der kne
chte hockte der greis auf den brettern der ofenbruecke & ließ die kn
oechernen barfueße baumeln.
in der hoelle hat ein kind mit einem apfel sich verkrochen kaut am w
unden daumen waehrend die gestreifte katze duerr das geviert umstr
eicht.
der breite bauer liegt lang auf schmaler bank starrt zur nahen decke
& zaehlt die aeste in den brettern die wie augen zurueckschaun. wan
dert sein ruhender blick endlich sieht er die unterseite verkrueppelt
er zehen krallende naegel oder die muendungen der gestopften sock
en worunter auch seine sind aus dickerer wolle.
in den schurzzipf schneuzt die junge frau. fast im schatten schwebt
ewig der holzheilige geist von der deckenmitte. an der tuer das weih
wasser verdunstet.
nur einer der junge erhebt sich aechzend vom eck um sich oben in
der kammer neu zu gewanden geht katzenhellen blicks dann in die
nacht zu einem weib das er zirpend lockt.
das krabbelnde kind kommt naß geworden aus der hoelle leckt apfel
& daumen & will auch geschneuzt sein bis es dann gesaeubert hoch

gehoben wird zum alten sich ringelt & schlaeft.
da sitzt schnurrend der bauer auf beim halben glaubensbekenntnis schnurrt weiter an vaterunsern & den lobpreisungen & bitten an unsr e frau die andern schnurren ihm nach bis der toten gedacht ist & ihr em frieden. da loeschen sie das karge licht scheinen das schlafende ki nd zu vergessen nehmen weihbrunn knarren in die kammern halbbe kleidet kriechen sie in zu kurze betten. & rauch steigt aus den muend ern ins stockdunkle.
spaet kommt der junge legt die schuhe die schweren in die ofenhoel le deckt das vergessene kind blindlings zu verzieht sich mit einem tr opfen heiligen wassers auf der stirn nach oben & riecht den eignen schweiß schon nicht mehr.

antholz 220276

Stadtspaziergang

Durch das Florianitor auf den Graben,
um 1960.

regen

vor dem agrarkonsortium
fuhren auf der
staatsstraße
die autos
mit abgeblendetem
licht in die stadt
aus der stadt
in den regen
in den samstag

in diesen samstag
fiel der regen
in diese wilden tage
die reifen
zischten durch
die rinnsale
trieben die tropfen
in den abend
in das licht

die reifen
drueckten sich ins
wasser das
sich schnell schloß
zum schwarzen spiegel
wurde der regen
machte die nacht
dichter ohne horizonte
ohne andromeda

weicher die nacht
den schlaf weicher
    die koerper
der himmel ist
endlich verschlossen *2. XI. 68*

gestank

fuerze faules fleisch
frischer mist alte fruechte
verwesendes
verwestes
kinderkot
pisse

abgase toter rauch
muelleimer konserven
verwesendes
verwestes
dreckwaesche
billiges parfum

dieseloel
benzin

jauche
schlafsaele am morgen

schade daß du das nur lesen
und nicht riechen kannst

30. 8. 68

hymnus 3
oder ist das noch ein hymnus

an bruneck

motto:
wer nimmts mit klein
haeuslern auf?

in wenigen gassen versauen hunde ohne zu
achten auf gelbes pulver die granitportale
    auf der rienzbruecke saust ein schweizer
    flach zu boden das motorrad brennt sehr
    schoen
die einheimischen italiener machen den ein
heimischen die mode vor
    vor dem corso-restaurant droht ein krie
    chender besoffener der ladinischen wirtin
    in die beine zu beißen (ganz recht
sie machen alle ihr geschaeft der homosexuelle
stoffhaendler drueckt sich vor erpressung
frauen und konkurs (das darf man nicht
sagen
    alle wissen alles
an markttagen kommt die landbevoelkerung
    der dekan lebt leider noch
der buergermeister wird ausgewechselt
    einer schnappt ueber einer schnappt ein
    einer erfriert
manche halten sich fuer stinknoble buerger
man riechts
    die alte hinterhuberin geht immer den
    bachdamm entlang ihr mann war kleptomane
    und hotelier (ganz recht
    nisi gegen die toten
der waldfriedhof ist kitschig weil dort nur

soldaten liegen – auch tuerken und juden –
und er allen gefaellt.
    das schloß gehoert wie koennte es anders
    sein dem bischof   nicht mehr lange
alle zuenfte vertreten sich die beine
    maler sind da aber nichts wert (kuenstler
huren und maezene gibt es nicht (waere noch
schoener
    alle wissen alles
das geht nicht anders bei diesen zustaenden
kraempfen blinddarmoperationen
    einen schoenen gruß der johanna die gerade
    im schlachthaus liegt (blinddarm
pater guardian ofmcap. ist ein baer (gelinde
gesagt
    das deutsche bruneck ist unpolitisch und
    waehlt geschlossen eine einzige dumme partei
    das italienische brunico hat viele
    parteien sie sind die kluge minderheit
man soll nicht mit italienern sympathisieren
non sposare mai una ragazza tedesca
    man sollte ein auto haben um im issinger
    weiher schwimmen zu koennen der dem reichen
    innerhofer gehoert (er verkauft badewannen
bruneck ist geschaeftig und klug im geschaeft
    ortsunkundigen ist der fuehrer von fabrik
    direktor larisch zu empfehlen dann sieht
    der unkundige sofort wie dumm wir sind
    uswuswuswusw .... ..
nimms
mit kleinhaeuslern nie auf
du wirst nicht mehr fertig damit
du bist ihnen nicht gewachsen
du wirst selber einer
                                        so daß man dir
                                        einen kaffee mit
                                        alpenschlagsahne

bringen muß zum
maulwaschen

um nicht dem gericht in
die haende zu fallen
haenge ich gleich
eine gegendarstellung
an

inno speciale
gegenhymnus

alla cittá di brunico
an die stadt bruneck

motto: brunico è una
cittadina molto
bella
bruneck ist ein
dolomitenstaedtchen

in den zahlreichen herrlichen gassen kann der
fremde die antiken portale der palaeste bewun
dern
die arme rienzbruecke hat den ganzen verkehr
zu tragen, ist unfallsicher und auf rollagern br
unecks einwohner sind sittsam alpenlaendisch g
ekleidet: dafuer sorgen die konfektionshaeuser
unterhuber egger modelia & waibl etcetcetc

mein gesinnungswandel

[1969]

Brunecker Altstadt um 1970. Blick auf die Seitengasse zum Florianitor.

bruneck

wie bist Du mir traurig & fremd geworden in diesen letzten jahren w
o ich jedes haus in Dir kannte wußte wer mit wem darin schlief was
er aß. weinend wuerd ich beim lacknerfuhrwerk die bremse zudrehe
n den russenroessern klebrigen zucker geben warten auf die hauser
muchkuehe in der unterstadt & einen mitschueler in die frischen flad
en schupfen oder noch oefter hineingeschupft werden. auf dem schlo
ßberg ließe ich mich in die nesseln werfen nach verlorener schlacht
aber nicht wie tillo vom hinterschloeßler den hintern mit schrot voll
schießen. friedels erhobenem stock & seiner spucke wuerde ich nich
t ausweichen ...
in die wieren faellt kein kind. unter tiefem stadtdreck sind die sandgr
ubenerdbeeren erstickt in die felder haeuser gewachsen statt erdaepf
el & am sonnigen hang sitzen die reichen waehrend die aermeren ihr
haeuschen wie fliegendreck in die joergener wiesen pflanzten. in der
hoelzernen schwimmschule wurde schwimmen & onanie gelehrt & k
lappernd blaulippig gezittert ...
durch die tore schiebt sich welsches- & germanenvolk in ausfaelligen
kleidern & freie hunde sollen erschossen werden. vor dem gericht fla
ttern europaeisch tuend fremde fahnen & die marinerlaube ist reinzu
halten. ruhiger schlaf ist nicht mehr gewaehrleistet seit sie den nacht
waechter zum straßenkehrer gemacht ...
viele sind noch bei leben zB. die die mir das schreiben beigebracht &
es lieber nicht getan oder der baron der mir anhand von kuh & stier d
as werden des lebens erklaert oder der grobe gemeindearzt .. aber las
sen wir das: noch fuehren ein paar brunnen wasser noch entfaltet auf
dem thingplatz der stegener markt geschrei huehneraugenwundermi
ttel & rotarschige affen noch erkenne ich das gesicht der stadt das pr
ofil der kirchtuerme zinnenbewehrten haeuser & des wastels dritte
ausfuehrung steht – welche kunst – schreitend ...
ach die gedenktafel ist mir zu lang geworden & reicht mir von der pa
ternkathl & dem eignen großvater ueber den larisch zum radmueller
hans & die lebendigen sind meist zugewandert & niemand weiß wes
vaters kind sie sind. das professorengesindel quaelt vermehrt ein na
menloses heer loser oberschueler & auf dem graben waelzen sich hor

den verhinderter schifahrer gerade auf dem graben wo wir unsre eis schleifen hatten & die specker rollten oder roßkastanien nunmehr v erschnittener baeume. frieden ist gerade noch auf den wegen waldh eim zu oder lamprechtsburg wo es einstens maibutter gab. viel brun eck ist im waldfriedhof dessen laerchen entflammen wenn es an der zeit ist der helden zu gedenken bis die naegel vor kaelte wehtun & de r dekan seine unpassend ungeschickte predigt fertig hat . . .
kommerzialisiert ist jedes fest & die schwaden von feuerwehr- mus ik- oder sonstigen gedenkbrathuehnern stinken in die klosterkirche. die korrespondenten der beiden großen tagblaetter sitzen angefadet in den bars. die milch ist gesundheitsstrotzend & salmonellenfrei. de r vizebuergermeister ist weiß wie kulturbeflissen das stadtoberhaupt selber endlich wieder ein echter brunecker interessenvertreter . .
was weiter? unendlichs gaebs von Dir allein ich warte bis der stauda mm bricht & Dich vertraegt samt mir.

271275

Das ehemalige Hotel Mondschein am Kapuzinerplatz vor der barocken Spitalskirche, Foto 1988.

mondschein

nimm die fenster
die hinen & heilen
im kaisergelb

zaehle soeller
veranden & tuermchen
loecher des dachs

taubeneier
taubennester
taubenleichen
        gedoerrt zur mahnung
        auf draht geknoepft
        wo waesche gewesen

gitter gatter   schnitzwerk
nach zwanzig ist der zahn
hohl

vor zwanzig brach die terrasse
der kranzkuehe wegen
mit wegstaub der kaffee
vater wischt weinringe
himbeer spuma

zaehle die tage
mondschein
kaisergelb

140378

ueberm foersterbraeu
an den giebel
genagelt
der wandernde mond

die kadetten stolz
aus waessrigem holz
von der marine

schreiten
den abend ab in
sommerfrische

die kaffeemuehle
bringt mich
draus

170778

weiden am rienzdamm

es wird nacht   werden
er hat sein fahrrad in
der linken
in der rechten sie
strebt zu ihm hoch
            ganz einfach
kuessen sie sich
                              ich
seh das

[1969]

Heldenwelten

Denkmal für den ehem. Bürgermeister, Tiroler Landeshauptmann und Abgeordneten zum Wiener Reichsrat Eduard von Grebmer (1821–1875) am unteren Graben, um 1970.

von den denkmaelern

durch nichts wird mehr
geschaendet
wie den schnee
(im deutschsprachigen raum)

das DENKMAL

wenn dichter soldaten
andres denkenswerts
gesindel

wenn weiß
sich
ueber bronzne granite dolomitne etc.
spielbeine schaedel haeupter
schenkel
weiche masse legt

lachhaft
mehr als mit rotem lack
bespritzt
sind die unwerthen
geister

310177

alpenjaeger

tote italien. alpenjaeger
lassen grueßen
die lebenden
hoert so schon jeder

tote italien. alpenjaeger
lassen melden
die befehle
waren erfuellt und das leben

tote italien. alpenjaeger
liegen im schutt
die lebenden
baun standbilder draus

tote italien. alpenjaeger
sind nur noch bein
daraus wird ruhm gebastelt
der ihnen sehr viel nuetzt

29. 6. 68

Italienische Soldaten am Alpinidenkmal auf dem Kapuzinerplatz, im Volksmund »Kapuziner Wastl« (vor 1968).

Pusterer Chronik

Krieg und Tod

Die Lärchennadeln rieseln einem hinter den Kragen und dämpfen den Schritt auf den Wegen. Die Abendstunde bricht an und zwei Kerzen auf jedem Soldatengrab verkünden nichts anderes als die Sinnlosigkeit jedweden Krieges in jedweder Form – auch die heutige Form ist sinnlos. Die Augenblicke des Nachdenkens sind da und jeden Bürgers Pflicht hinaufzugehen auf den Hügel, wo aus den Gebeinen der zwei großen Kriege ein Wald von rohen Kreuzen und hohen Lärchen erwachsen ist. Der Waldfriedhof, der seinesgleichen nicht hat – und Lob sei jetzt den Lebenden, die ihn hüten und hegen – vereint für eine Stunde Meinung, Andacht, Gedanken und Generationen. Wir, die Jungen haben keinen Krieg gesehen und werden nicht ungern um Frechheit und Freiheit beneidet, sie, die Alten setzen sich zurück in ihre Schützengräben, aber in dieser einzigen Stunde des Allerheiligenabends folgen wir der Einigkeit der toten Soldaten. Nationen zählen nimmer, weder Religion oder Weltbild, weder Erfahrungs- oder Altersunterschied, weder Stand noch Dünkel. Das geschäftige Bruneck nimmt die Mahnung der Gefallenen für einen feierlichen Augenblick lang auf. Vor den Massengräbern des Herbstes 1918, der durch Krankheit, Hunger und Feuer in drei Wochen das Leben der Kriegsgefangenen löschte, stelle man sich hin und studiere die Trauer der Zahlen, Daten und fremdländischen Namen: im nächsten November werdens 60 Jahr. Dazwischen Blut bis auf den heutigen Tag. Dazwischen auch Schande und Schindluder an diesen Gräbern und am Opferstock, dazwischen auch die staatlich verordnete, nationalistische »Heimführung« der begrabenen Italiener in kalte Beinhäuser oder Lieg-stramm-Friedhöfe. Wir haben niemanden vertrieben: die Türken liegen Mekka zu, die drei k. u. k. Juden ruhen in Abrahams Schoß und einer von ihnen heißt: Israel Krigsmann. Eine Mahnung auch dies.

021177

notabene: der Name Israel Krigsmann ist keineswegs eine Erfindung von mir. Auf dem mittleren der drei jüdischen Gräber steht dieser Name. Der Gefallene heißt K*rig*smann, und keineswegs Kriegsmann.

Brunecker Waldfriedhof auf einer undatierten Postkarte Kasers an Hans Taschler und Helene Flöss (späte 1970er-Jahre).

die fuenf jahre des Peter Paßler

ein chronologischer abriß

vorspann

warum unser kulturkreis gerade nach ihm dem anscheinend kulturlo
sen benannt werden soll – lesen & schreiben konnte er zwar & sicher
lich italienisch aber hochgeistiges hat er nichts hinterlassen & eine l
andesordnung war schon von seinem großen freund gaismair verfaßt
worden – warum denn nur. es gaebe kulturellere persoenlichkeiten im
lande.
warum:
eine revolution ist ein kulturelles ereignis & er hat sie bis zum grausa
men ende ausgestanden
er hat sich mit den bauern tirols salzburgs & des friaul praechtig ver
standen so daß er sie auch *verfuehren* konnte
seine beziehungen zur arbeiterschaft besonders zu den knappen von
prettau blieben gut & aufrecht bis zu seinem tod
er war echter pustertaler
er kaempfte gegen das feige brunecker buergertum
er kaempfte fuer die freiheit gegen bischof landesfuerst & ihre helfer
shelfer
er war ein guerillero
er war ein glaeubiger ueberzeugter mensch bis zum letzten
ich hoffe das genuegt oder sind freiheit & ideale keine kulturellen gueter?

1522 hans paßler verliert das erbliche amt des bischoeflichen fisch
ereiaufsehers in antholz. er ist kleinhaeusler & wehrt sich m
it seinen beiden soehnen peter & andreas gegen diese willkue
r. sie kommen vors beschoefliche gericht. der alte kann wegen krank
heit nicht erscheinen & soll dem brunecker stadtrichter ludwig ochs
eine urkunde uebergeben in der er verzicht leistet & seinen widersta
nd aufgibt. er weigert sich. seine familie steigt in der achtung des ta
les.
1524 peter paßler nimmt bei den bauern des pinzgaus (bistum salz

burg) protestantisches gedankengut auf. mit dem venus-wirt
hans jarl von antholz wird er im tal der anfuehrer der »absag
er«. unruhen in bruneck. der dortige hauptmann oswald von wolken
stein versucht p. & jarl zu fangen.

150724 oswald v. wolkenstein schreibt besorgt an den bischof

060924 paßler gibt nicht auf & wird geaechtet. bischof sebastian spre
nz erwirkt die aechtung vom landesfuersten ferdinand:
kopfgeld: tot 50 gulden (etwa 1,5 mill. lire), lebendig das dop
pelte

110924 p. & jarl werden in der gegend von schlanders von knechten
des richters gefaßt. ferdinand ist erfreut weil er sich damit
das kopfgeld spart.

200924 p. im turm der brixner hofburg

130125 hans jarl in innsbruck hingerichtet

160125 der bischof befuerchtet aufruhr & p.'s befreiung. der prozeß
verzoegert sich. eine kaution wird abgelehnt. hans paßler wi
rd inzwischen von seinem hof verjagt. peters frau ist acht tag
e in haft. sein besitz wird beschlagnahmt.

mai 25 p. zum tod durch verbrennen verurteilt. dann abaenderung
in enthauptung & vierteilung der leiche.

060525 linhart puechler andreas prator & hans hauser von rodeneck
treffen sich in natz mit bauern & brixner buergern um paßle
rs befreiung zu beschließen.

090525 die bauern auf dem marktplatz von brixen. die begnadigungs
bitten der frauen sind abgewiesen worden. abstimmung der b
auern. einmuetiger beschluß durch handaufheben: mit gewa
lt soll er befreit werden. 300 eisacktaler bauern auf dem domplatz d
er hinrichtungsstaette jagen buettel schergen beamte & henker in di
e flucht. mit einem hammer zerschlaegt ein maurer paßlers ketten &
fußeisen. p. in koestlan jenseits der rienz in sicherheit gebracht dan
n bei hans kaser in st. andrae wo er sich laengere zeit von haft & folt
er erholt.

100525 bauernversammlung in milland. brixen faellt. neustift faellt.

nov. 25 p. ins venezianische gefluechtet

251225 p. besucht freunde & bekannte zum weihnachtsfest in antho
lz

110526 p. droht den brunecker buergern von antholz aus

250526 p. mit gaismair im pinzgau wo er den aufstand fuehrt (etwa 2000 mann)
juni 26 kaempfe gegen die soeldner des »schwaebischen bundes«. di e knappen von schwaz lassen p. in stich ebenso die orte raur is gastein bischofshofen st. johann im pongau werfen erl mittersill zell am see & saalfelden
090726 paßlers lager in fronwies bei zell am see von 6000 soeldnern aufgerieben. ende des salzburgischen bauernkrieges. kardin al lang muß 4500 gulden leihen um den sold zu zahlen (etwa 135 mill. lire)
030726 p. mit gaismair in embach bei st. veit
060726 das bauernheer uebersteigt die hohen tauern & gelangt nach lienz. weitermarsch: sillian innichen toblach antholz
090726 bruneck kann nicht genommen werden. bauernlager bei st. lo renzen. das aufgebot zum landsturm (10.000 mann) von seit en des landesfuersten wird mit erfolg boykottiert aber wege n der vielen soeldner wird die lage bedrohlich.
120726 gaismair zieht sich mit 1500 bauern nach agordo-agarten ins venezianische zurueck. p. bildet einen eigenen trupp im gren zgebiet zu tirol & faellt dort oft ein wobei er es besonders auf beamte des bischofs adelige & kaufleute abgesehen hat. stuetzpunkt i st venzone im friaul. kopfgeld: 200 gulden = 6.000.000 lire.
apr./mai 27 p. in venedig eingekerkert unter der anklage zweifachen mordes auf dem gebiet der republik. das hat der tiroler sonde rbotschafter in venedig der erklaerte bauernfeind dr. angerer betrieben. aber nach einem bittschreiben gaismairs an den dogen sel ber ist p. bald wieder frei.
etwa 20 maenner hat er noch um sich. seine taktik als brigant behaelt er bei.
110827 p. schreibt einen absagebrief an die knappen von prettau
aug 27 p. ueberfaellt im ahrntal tuchhaendler die ins salzburgische wollen. er macht streifzuege zum staller sattel (antholz) ins pinzgau ins vinschgau. dann laedt er tiroler & pinzgauer richt er & advokaten sogar nach venzone ein, inzwischen wird in muench en ein moerder gedungen & andere haescher stellen ihm nach: erfolg los er ist zu vorsichtig.
240927 lucas wyser seinen kumpan aus werfen im salzburgischen r

eizen kopfgeld straffreiheit & sehnsucht nach der familie sic
h beim brunecker stadtrichter fuer den mord zu bewerben.
anf. okt. p. will nach graubuenden fliehen
151027 p. wird von wyser in peuscheldorf (paluzza?) im friaul ersch
ossen.
wyser fluechtet nach tirol kassiert das kopfgeld aber wird ni
cht in die heimat gelassen. buettel muessen ihn ueberallhin b
egleiten. das volk wuerde ihn erschlagen.
oswald v. wolkenstein aber der stadthauptmann von bruneck gibt de
m boten der ihm die nachricht von paßlers tod bringt 60.000 lire (=
2 gulden) trinkgeld.
150432 gaismair in padua vom gedungenen roßhaendler jacometo ca
valcatore erstochen.

[1977]

Bekannte Gesichter

Der Hund Haymo, von Kaser in die Kamera eines Fotoautomaten gehalten, zwischen 1973 und 1976.

er haette
ein herrl. kugeliges
gesicht
aber
seine lippen
sein von deitsche silben

verformt

[undatiert]

lorenz

hat das gesicht
von einem goldfisch
gesprenkelte haende
viel hausverstand
hat die augen
von einem goldfisch
lacht wenn ich
mit ihm rede

wie jeder goldfisch
glaubt er an gott

[Herbst 1968]

bertha

zu recht hat bertha den namen
die holunderblueten
an die große brust gepreßt
sie wird sie in schnaps
ansetzen   das hilft
gegen leiden vieler art

den namen hat bertha zu recht
bertha ist eine maechtige frau
an gewicht und wesen
das bier – taeglich fuenf –
gibt ihr kraft
die besen zu fuehren

13. 6. 69

barbara

barbara berthas freundin
spricht von nichts lieber
als den erfolgen der aetherischen
oele
der schlohweißen holunderbluete
von auswurffoerderung
getriebenem harn
ihren kindern
mutet sie das zeug zu
wenn die grippe sie erfaßt
sie selber nimmt den schnaps
gegen das stechen da hinten
am ruecken
das hilft   das kommt vom vielen
kehren

13. 6. 69

landadel

11 miniaturen

der baron
ernst georgmoritz maria geb. 25. sept. 1892 nichtraucher, gutsbesitzer, schwimmer bergfreund, trinker, sportler, verheiratet, ehem. offizier, k. u. k. roemisch-katholisch, alpenvereinsmitglied motorradfahrer; befreundet mit dem gemeindearzt, mit dem dekan und dem apotheker. schuhgroeße 43

die baronin
claudia elisabeth ulrike geb. 13. aug. 1900 eine große energische frau mit langen schmalen orgelspielerhaenden (spielt auch floete), stammt aus ungarisch-spanischer familie, streng katholisch, beschaeftigte bis vor einigen jahren ein verarmtes adeliges fraeulein zum vorlesen, bis diese starb und in der familiengruft gastweise begraben wurde.

freiherr otto paul jakob karl geb. 6. mai 1938 ungeschlachter grober kerl; uebernahm mit erreichter volljaehrigkeit den vaeterlichen gutshof, heiratete zwei jahre darauf ein ebenso ungeschlachtes bauernweib, von dem er zwei zarte kinder hat. er hat ein auto und nimmt es nicht ernst mit der ehe. schwach praktizierender katholik, politische einstellung keine.

freiin auguste claudia elisabeth geb. 7. juli 1939 klein gebaut, sehr zart, sensibel man zweifelte an ihrem aufkommen, sonst haette man sie eben im taufkleidchen begraben. so aber verwaltet sie mit viel geschick den vaeterlichen haushalt. sehr unbelesen, von großem seelenadel traegt sie das haar streng zurueckgekaemmt. ledig aus naechstenliebe.

freiin carla elisabeth maria geb. 22. jan. 1941 groeße 171 cm. traegt immer huete. von zu hause durchgebrannt kehrte sie vor vier jahren mit mann (edelsteinhaendler) und vier kindern aus brasilien zurueck. galt lange als verschollen und machte das glueck der familie wieder voll. obwohl sehr eigenwillig und spontan kommt in ihr das spanisch-ungarische blut wieder zur geltung. eine freude fuer jeden rassentheoretiker. sie haelt nichts davon, sie haelt sich im zaume.

freiin johanna ulrike elisabeth geb. 12. juni 1942 unscheinbar, aber sehr anhaenglich was sie ihrem mann, einem gewoehnlichen buergerlichen staatsbahnbeamten, tag fuer tag beweist. etwas aus der art geschlagen gibt sie sich auch mit gewoehnlichem volk ab. sie tauscht gerne mit freundinnen modehefte und kocht vorzueglich. im uebrigen farblos und abgestanden. leidet stark unter dem adligen erbe. ist enterbt.

freiin maria blanca claudia geb. 8. aug. 1943 mitten in den 2. weltkrieg hineingeboren. ein prachtmaedchen, bei dessen namenswahl die eltern einen aeußerst gluecklichen griff getan haben, denn sie hat den venezianischen adeligen pierfrancesco de' marinoni-forti geheiratet. naeheres unbekannt, kommt nur zu weihnachten.

freiin stephanie zita geb. 3. maerz 1945 ist inzwischen lehrerin geworden und verdient sich ihr geld selber. sehr katholisch hat sie in ihrer partnerwahl wenig glueck. er ist menschenfresser. von den kindern sehr geliebt, leitete sie lange jahre die pfadfinderinnen. singt gern und gut, ist nicht stolz und grueßt auf der straße. ihren namen bekam sie aus verehrung fuer die kaiserliche familie.

freiherr gabriel johann evangelist thomas geb. 14. okt. 1946 groeße 180 cm, kg. 72 kuenstlerisch sehr begabt, hat das studium aufgegeben, wollte tierarzt werden, will maler werden, macht sich sehr viel aus maedchen, guter maler, bildschoen, konfessionslos, nimmt haschisch zum leidwesen der familie schon zweifacher vater, immer ein anderes maedchen, trinker. er ist heute frueh zum drittenmal vater geworden. heute am 23. mai 1969

freiherr michael johann baptist nikolaus geb. 14. okt. 1946 groeße 180 cm. kg. 72,2 hochintelligent, studiert in oxford, macht sich nichts aus maedchen, bildschoen, zweieiiger zwilling zu freiherr gabriel, unmusikalisch, guter kalkulator, atheist, zum leidwesen der familie stark marxistisch ausgerichtet, humorvoll. er hat sich heute frueh in der remise erhaengt. heute am 23. mai 1969 in der bluete der jahre. die baronin hat ihn mit den orgelspielerhaenden abgeschnitten,

freiin agnes bernadette elisabeth von... geboren am 2. april im jahre des herrn 1948 man weiß noch nicht, was aus ihr werden wird.

[23. 5. 1969]

Baron Lothar von Sternbach und das Palais Sternbach in der Brunecker Oberstadt (1974). Kaser nimmt in seinen 11 fiktiven Miniaturen in Teilen auf die Familie des Barons Bezug.

An Joseph Mair 3. 4. 70

in memoriam karl rubatscher + 230270
oder wer weiß wo ich ende 70 bin

tatsache
er ist tot
in seiner tiefe
ist die erde nie
gefror'n

also koennen
tiere an ihn

tatsache
er ist tot

an weniges an
IHM
kann ich mich
erinnern:

tatsachen:
kurze turnhose blau
klettern gut
still
latein schwach
brunecker autobahnhof

wir wollen
uns treffen – spaeter – einst
tatsachen
in bozen
traegt er bart
nachdem er
vom militaer
vom schulamt
um eine stelle
kommt

tatsache

■ SCHWUR: hiermit vergesse ich fuer immer den namen ivo mich eli de'barnabò!
hiermit war das meine erste & letzte arbeit ohne kon trakt!
hiermit kaempfe ich gegen das machen von linker kult ur mit kapitalistischen-ausbeuterischen mitteln!
hiermit spucke ich der marxistischen phrasendrescher ei & diskutierwut ins maul: zur praxis haben sie es no ch nie gebracht!
kampf der theorie die sich an den hoffnungslosen her anschleicht ihm hoffnungen nimmt & raubt wie es ihr gerade ins konzept . . . in den geldbeutel paßt! ■

Ivo Barnabò Micheli 1971 in Tunesien bei den Dreharbeiten zu seinem Film „I corvi / Die Raben". Neben anderen Brunecker Freunden wirkte auch Kaser in einer Statistenrolle am Film mit. 1976 zeichneten Micheli und Kaser ein längeres Arbeitsgespräch auf. 1984 erschien Michelis Dokumentarfilm zu Leben und Werk Kasers.

tisch im eck

karl baumgartner
christoph baur
sandra
peter litturi
und noch zwei
mit schwarzen baerten

cola & eis
whisky & eis

brunicos revolution
wird gemacht
von jener linken
scheiße
die ohne weiteres
mit eigenen argumenten
killbar ist

nichts waere schoener
zu sehen
als ihr graues
hirn tropfend
ganz langsam
axiom fuer axiom
these fuer these
marx fuer marx
von diesem fell
das
ueber ihnen
an
der wand
haengt

& cola & eis

se un certo gruppo
d'anarchisti
o che siano
        (definirli non si può)
se questo certo gruppo
il ghiaccio lo
        mangia
prima del whisky
ormai ordinato
per motivi
rivoluzionari
in questo night club
mi piange
il cuore
questo mio cuore
questo mio cuore vuoto
        deluso
di sé stesso
di loro

vorrei sapere
come mai
io
sto qui
immerso nelle
luci
del ghiaccio
che loro
mangiano
per . . .
perché
senza
whisky non
sanno teoretizzare

tiragli fuori
quel grigio

cervello che tanto
        pensa
e sembra pensare
sull' avvenire
della classe (a loro)
inferiore

martiri della loro esistenza
si consentono
e martiri quelli che per il loro bene
lavorano

[beide Gedichte undatiert]

die rossi elfriede ist wohl etwas aelter als wir sie schielt hat eine zu lange klobige zunge ist mehr in die breite als in die hoehe gewachsen im kopf ist sie nicht ganz sauber

[1972]

Karl Baumgartner 1971 in Bruneck, damals bereits in Rom im Filmgeschäft tätig, später ein erfolgreicher Filmproduzent in Deutschland.

▪ nun zu meinem hund: voriges jahr um diese zeit hab ich im suff bei m wirt an der ahr in st. johann i. ahrnt. einen hund erworben der no ch immer nicht bezahlt ist. es ist eine richtige wald- & wiesenmischu ng & bis auf die angerichteten schaeden (= zerbissne schuh, zerfetzte buecher etc.) ein recht kommoder gesell. klein handlich strapazierfa ehig wie ein fleckerlteppich schwarzer ruecken gelber bauch weiße tatzen & weißer »baafer« (= brustlatz). das tier heißt haymo & der po stwirt von bruneck hat einen mords haß deswegen. wenn ich so dur ch die stadtgasse gehe & schrei haymo komm haymo sitz . . das berue hrt die leute. ich habe meinen hund zufleiß so getauft. ▪

haymo

mein hund / loewe von juda
postwirt / bronzener beller auf
dem stein der flaaser krieger
& kindisch

haymo Du laster / tulpenzwiebelgraber
mein freund / gebetbuchzerreißer
nur werft ihm keine steine nach
... bissig

nur ein hund / trister begleiter
& treuer des besoffnen meisters
& wenn der plaerrt winselst auch Du
hennenstieber

170775

kuenftiges paar

lange schon geschlafen
ohne segen ohne strafen
in einem bett

lange schon gefahren
mit mitteln die des vaters waren
die moral sie rett

viele zeigen mit dem zeigefinger
auf die armen jungen dinger
doch sie werden
alt & klug

051272

Anm.: Hochzeitsgedicht für Klaus und Marlene Gasperi.

An Markus Vallazza flaas sonntag 131074 13uhr12

■ klaus ist mein wirklich einziger freund. auch die marlene habe ich gern & es wird schon von dreiecken geschwatzt. die zwillinge jan & jiri geraten wie die rueben. ■ zum glueck & ueberfluß hat sich klaus den boxer tito angeschafft . . ein maechtiges vieh von 30 kilo gleich al t wie haymo (9 kilo) & die beiden sind gleich dick befreundet wie ih re herren. so gehen wir denn spazieren gegen waldheim hinaus: fuer die viecher ein kirchtag . . fuer uns grund zum philosophieren & falls draußen das gasthaus offen hat ein grund zum saufen. marlene gibt den segen wenns sein muß & wickelt zwei praechtige knaben. klaus hat 73/74 in innichen schule gehalten sonst ist er faul geblieben wie eh. malen tut er kaum noch zum vergleich bin ich fleißig obwohl ich diese eigenschaft nicht mag. ohne klaus waer mir alles oed. ich schae tze nun einmal geistreiche konversation mit gleichzeitiger bloedelei ■

Klaus Gasperi im „Café Garden“ um 1972.

An Erika Prader bern an der etsch 121175 ▪ 16uhr55

▪ klaus spricht auf meiner wellenlaenge was ich bei siegfried immer vermißt habe. siegfried ist ein banause mit etwas geschmack aber tieferes verstaendnis bringt er nicht auf . . die nuechternheit des gew erkschaftlers des beamten. als freund ist er praechtig als gespraechsp artner vielseitig & wendig aber zur kunst (in jedweder form) fehlt ih m die antenne die muße & die ruhe. klaus ist da ganz anders. mit tem perament geistvoll & mit sicherem urteil. er ist leider so begeisterung sfaehig daß er gleich besser machen will was ihm gefaellt . . so rieche n seine letzten bilder einfach erschreckend nach hundertwasser. au ch vertraegt er kritik sehr schlecht. er akzeptiert sie nur von mir ohn e deshalb neue wege zu gehen. schade daß er so fahrig ist & eben das beste fahren laeßt . . aber er ist sonnigen gemuets & das tut mir wohl. ▪

die herzdame
Du als hagestolz
beide aus hiesigem
holz
es ging' nicht besser
kann nicht
sein

allein?

wo blieb der
geistlich segen?

wie frommer regen
kommt er
nach

flaas 151075 n. c.

Anm.: Hochzeitsgedicht für Siegfried und Martina Baur.

der alten pohlin-wassermann

ach hat sie gern roman gelesen
& ein spiel der karten nicht versagt
ach hat sie gern mit frauenwesen
geplappert unverzagt
auch mit maennern war sie ein kumpan
mit dem altern fing sie gar nicht an.

was soll man ihr denn   schicken
traenen viel oder keine
ein laecheln oder etwas aus wien
                    der guten frau pohlin

so ist sie hingegangen
& gebluem bedeckt das grab
wenn eben sie die engel so
betreut   wie uns aermste da
herunten
wird selbst der himmel von
mir nicht gescheut
                    sondern ein kaffee mit keks mit IHR

[September/Oktober 75]

Maria Pohlin-Wassermann, Großmutter von Klaus Gasperi.

An Maria Theresia Neuhauser flaas / himmelfahrtstag 75

■ es ist ungemein schwierig einem menschen wie Dir zu schreiben. einem den man haßt bzw. dick hat schreib ich leicht bei jemandem den ich liebe gehts schon schwerer & ganz aus ist es dann bei leuten die ich nur (= »nur«) schaetze wie Dich. zumal Du eigentlich schuftig bist & Dich immer nur mit ein paar spaerlichen zeilen oder komplim enten fuer die eingegangene post bedankst. was soll ich darauf antwo rten? es passiert hier nichts absolut nichts rein gar nichts oder soll ich ein wettergespraech mit Dir beginnen wie es in zugabteilen brau ch ist? ■

fragment einer tante

alles den katzen gegeben
mein schwung das fleisch ein leben
kraut steht im hof
& dazwischen ein zorniger hund   der mir die freunde
vertreibt & ihnen raubt was ich mit lieb & saurer hand-
arbeit ihnen aus dem fenster warf

wieder wird sie junge kriegen
es ist an der zeit
die alte
s'letzte mal hatte sie sechs – eine – die graue die schoenste
lag in der holzhuette
tot

nicht zu vergessen die tauben –
kein bauer saet mehr fuer sie   kein brot faellt auf die
straße   herzlos sind sie all

wieder wird sie junge kriegen & die tauben wollen ihr
recht   die alten & stehen sich schlecht wie ich & alt

alles den katzen gegeben
mein schwung die rente
& ledig geblieben...

290876

Auf Märkten, Festen und beim Sport

Auf dem Viehmarkt in Stegen, Sommer 1974.

sie gehen tanzen

und gehen tanzen
dann zum bach hin
der rauscht
der pfeift wenn er ueber ein loch rollt
dann gehen sie zurueck

tanzen
bis ihnen die fueße
glattgeschliffen sind
bis die hornhaut aufgeweicht
ist
der schweiß in den
zehenzwischenraeumen
glitscht
so tanzen sie
dann zum bach
er wirft ihre
struempfe hinter sich
steckt die beine
durch den nebel ins wasser
sie waschen sich

24. 5. 69

Pusterer Chronik

Ein trauriger Stegener Markt 77

Die Tränen könnten einem kommen, wenn man die heurige farblose Ausgabe des größten Marktes Tirols betrachtet. An Größe und Ausdehnung fehlt es nicht, auch nicht an Menschen. Dafür sorgen schon die Pusterer selber mit den Nebentälern, dafür sorgen auch Nord- und Osttiroler, die klug ihren Staatsfeiertag nutzen . . aber »es war einmal«. Langweilig ein Sockenstand neben dem anderen, langweilig das Angebot der Händler, nichts Marktschreierisches mehr, fade. Von Kindesbeinen an habe ich dieses Fest erlebt und wenn auch Kinderaugen mehr sehen und Erinnerungen mehr leuchten als die Gegenwart, so trösten Masse und Menge nicht über die Nacktheit hinweg. Wie phantasielos sind doch diese Schausteller geworden, die sich ihre automatisierten, elektronischen Einfälle teuer bezahlen lassen, wie armselig und »nurlaut« ist der Rummelplatz geworden? Wo sind sie geblieben? Die Bettler mit den Heiligenbildchen (nur einer noch), die Köschtnbrater, die dickste Ziehorgelspielerin der Welt, der Exote mit einer Riesenschlange, die wilden fauchenden Viecher, die Bauernfänger, Anschmierer und Schwindler, die Männlein mit dem Hühneraugenwundermittel, mit dem Wunderglasschneider oder dem garantiert lebenslänglichen Wunderleim. Wo sind sie geblieben diese Farbtupfer im Gewoge, Gewurle und Geschehen, die rotarschigen Affen mit der Trompete, der Tanzbär, die kühnen Steilwandfahrer und Akrobaten? Das Warenangebot selber wird von jedem Kaufhaus übertroffen und das Reglement verbietet südlichen Händlern die Geschäftemacherei. Mir aber geht alles zu ordentlich zu und ich finde, daß der Markt nur deshalb noch menschlich ist, weil sich das ganze Pustertal trifft . . und mehr. Und über allem schweben vom »urgemütlichen« Plastikbierzelt die Schwaden massakrierter Brathühner dem Dorfe Stegen zu.

271077

stegener markt
ausgabe 77

weinen will ich weinen um den groeßten markt tirols.
leute zuhauf menschen auch ... nix weiter.
der markt aber schreit nicht mehr.
kinderaugen verlaufen sich nicht am tuerkischen honig.
automatisierte schausteller.
wo? wo die schwerversehrten bettler
die gaukler schwindler feuerfresser
die heilgenbildchen wundermittel
die tiger panther rotarschaffen
die dickste ziehorglerin der welt
koeschtnbrater bauernfaenger riesenschlange
steilwandfahrer tanzbaer akrobat

fade sind die waren ohne salz daß sich die plastikblumen schaemen.
die tupfer fehlen im gewog gewurle & geschehen.
doch ueber allem schweben vom bierzelt aus die schwaden massenhaft
massakrierter huehner dem dorfe stegen zu.
weinen will ich weinen & find das schneuztuchmanndl nimmer
mit seinem song:

eins fiers moidile nannile joggile seppile tresile
moidile nannile joggile seppile
moidile nannile joggile
moidile nannile
moidile

plaerren kannt'i!

281077

Jedem »Schnackeleverein« sein eigenes Sommerfest

An diesem Wochenende stinken sie wieder zum Himmel die ärmsten Kunstfutterhühner und obskuren Bratwürste, kreisen die Bierkrüge recht hygienisch von einem Torkler zum andern, diese dickwandigen Ungetümer, zum Zähneausbeißen und Kopfeinschlagen gerade recht. An diesem Wochenende plärren die ach so lustigen Tiroler Buben wieder ihre Volkstümlichkeiten in die Mikrofone, ihre urigen Schlager aus Bayern, Oberkrain und Egerland, diesen grausigen Verschnitt aus Folklore, Schnulze, Humor und Dorfmusik. Im Umkreis von zwanzig Kilometern finden Sie heute abend bestimmt Ihre zehn Bierzelte zur Unterhaltung. Ein Auto hat man heutzutage und Geld sowieso. Vielleicht kommt man in den Genuß einer handfesten Rauferei, vielleicht hat man das große Glück angestänkert und angeflegelt zu werden. Jedenfalls ist man unter dem dunstigen Plastikhimmel gut aufgehoben, vor dem Wetter geschützt und an allen fünf Sinnen vollauf befriedigt. Das Gehör wird mit Musik bedient und dem scheppernden Gelächter und Gesang zugereister Schunkelgermanen. Der Tastsinn schafft auf dem Tanzboden, wo jeder Takt schon seine Lire kostet, persönlichen Kontakt und später vielleicht einen schmerzhaften oder liebevollen. Die Augen tun sich in den Schwaden zwar langsam trüben, aber es öffnen sich ganz neue Welten. Gaumen und Zunge laben sich an Senf, knackigen Würsten und knusprigen Schenkeln und lassen noch für Kinn und Finger ein bißchen Fettes übrig. Die Nase weitet sich lüstern beim Angebot all dieser kannibalischen Düfte, die unter der Zeltplane schweben. Gewiß, man muß nicht hingehen, aber man kann und tut es auch. Man ist unter sich, man darf sich gehenlassen, man darf feiern. Es dient einem guten Zweck, denn jede Feuerwehrspritze, jedes Rettungsauto, jede Pauke muß gehörig eingeweiht werden zum Wohle der Allgemeinheit. Jeder »Schnackeleverein« will sein Frühlings-, Sommer- und Herbstfest haben, und fällt ihnen keine Ausrede mehr ein, wird einfach ein Jubiläum an den Haaren herangezogen. Vor dem Zelt bläht sich die Tiroler Fahne und irgend so ein grünweises Tuch, daneben beschämend und verschämt die Fahne der Nation und meistens die der befreundeten Nationen, damit der Fremde sich daheim fühlt. An den Masten kann man sich zu später Stunde trefflich halten, da ist es dann einerlei, was oben hängt.

Feste sind gut, nur sollten sie sich in ihrer Dichte nicht auf die Füße treten, nur könnten sie einen Schritt zurück zur Gemütlichkeit wagen, wie es die Dietenheimer kürzlich taten: ein paar Tische unter Lärchen, eine gute Musik, freier Tanzboden (gebührenfrei, mein ich), kein großer Aufwand und atembare Luft, ein gemütlicher Ordnungsdienst und keine Keilerei. Aber bitte, wer sich zur Unterhaltung gern in dröhnendes Plastik verpacken läßt, soll es haben bis die Kunstfutterhähne schreien.

280778

Anm.: Der Titel des Textes wurde von der Redaktion des *Alto Adige* ergänzt. Im Original ohne Titel.

Zeltfest in Bruneck im Sommer 1978.

Weihnachtsmann, ade!

So! Der »Goldene Sonntag« wäre überstanden. Eingeläutet wurde er da in Bruneck schon am 3. Dezember, der war für Eltern und Kinder ein erfreulicher Tag und im Brunecker Hauskalender anzukreuzen. Die Kaufleute haben sich wieder angebiedert und den Weihnachtsmann auf einem Pferdeschlitten durch die Stadt rollen lassen. Recht romantisch wiedereinmal ein Roß in der Stadt zu sehen, richtig heimelig. An den Schlitten, worinnen der rote bärtige Weihnachtsmann selig lächelnd saß, waren mangels Schnee drei Gummireifen montiert, was sehr reizvoll war. Umschwärmt und begehrt war das Gefährt jedenfalls. Aus den Erkern einzelner stolzer Bürgerhäuser bliesen Stadtmusikanten lammfromm andächtige Weisen, was wohl kauffreudig machen soll?! Und dann kam zu abendlicher Stunde eben die Bescherung. Die Verpackung war mehr wert als der Inhalt. Eine wirkliche Bescherung. Das ist heutzutage bei manchen Produkten üblich, aber in dem roten Säckchen zwei abgestaubte »Pappelen« und zwei »Zuggerlen« vorzufinden, das ist mager und schändlich. Was wäre schon dabeigewesen, wenn in Glückstopfmanier in einigen Säckchen ein kleiner Gutschein gewesen wäre, etwa für ein Taschentuch, eine Glühbirne, eine Kaffeetasse, einen Schraubenzieher? Der Lackner selig, der mit seinem Leiterwagen jeden Tag von Bruneck nach Uttenheim fuhr, hatte die Taschen voller Zuggerlen, eine Geißel und einen alten Muli, und auf alle Fälle mehr Herz, mehr Phantasie als die Kaufleute der protzigen »Michael-Pacher-Stadt«.

[Dezember 1977]

Im Dienste des Wintersports

Geknechtet ist das Land wegen seiner weißen Pracht, seiner Winterkälte, seiner drahtumspannten Gebirgswelt. Die Zeitungen sind nicht mehr genießbar, vernünftige Gesprächspartner werden zu heulenden Wölfen. Am Montag die ausgelaugten Fußballerergebnisse vom Sonntag noch einmal wiedergekaut und mit Träne im Knopfloch den Totozettel zerrissen. Am Dienstag bestimmt ein dramatisches Weltcuprennen mit internationaler und Südtiroler Besetzung, wobei man sich über die kirchturmpolitischen Reporter ärgert. Am Mittwoch fiebrige Erwartung auf das Hockeyspiel: Punsch, Erkältung und Euphorie. Der Donnerstag ist dann ausgefüllt mit den Kommentaren und den Kommentaren über die Kommentare, wobei es natürlich nur Fachmänner regnet. Der Freitag, als Festtag, ist ein bißchen friedlicher, aber den Samstag reitet schon wieder der Hockeyteufel. Der Sonntag endlich ist für die private Sportlerei gedacht, wenn nicht gerade Wetter oder internationales Geschehen (Sportgeschehen, versteht sich) dazwischenkommt. Dann in mindestens eine halbe Million Lire wattiert in Nylon gepackt, mit dem allerletzten Superkunstfaserbrett an den falsch eingehängten Haxen, dann gehts dahin im Stile des jeweiligen Idols. Auf dem Arsch zwar zumeist, aber man ist wer und abenteuerlich und sportlich und, und, und . . und kann auf die paar übriggebliebenen Normaldeppen spucken, auch wenn man sich den ganzen Zauber klammheimlich vom Munde absparen hat müssen. Im Aussterben begriffen sind die richtigen Wintersportler, die mit Eis und Schnee noch leiblichen Umgang haben und wie der böse Hymalaia-Yeti ohne Rekord oder Beinbruch dahinhatschen. Werbung, Sporthandel und Neureiche erfinden bestimmt in jeder Saison einen neuen Schmäh. Selbst der beschauliche Langlauf ist vor lauter Hochgestochenheit arg heruntergekommen und dem Kommerz anheimgefallen. Beim einheimischen Hockey blüht bereits der Menschenhandel, von den streitenden Vereinsmeiern und Sponsoren ganz zu schweigen. Sonst sind wir oft weit hinten, im Winter haben wir Weltformat. Wie aber, und eine ehrlich-echte Antwort von zuständiger Stelle wäre diese Frage wert, wird der Wintersport in den Bergschulen gefördert? Wie steht es mit der Unterstützung der »Talente«, ohne daß sie gleich vermarktet werden müssen? Warum werden Schizirkusse mit Landesgeldern gemästet? Die zuständigen Herren wären auf die Lafenn (Tschögglberg) in Klausurtagung zu schicken, bis sie ausapern, denn Fragen gäbs über Fragen.

190178

Skifahrer am Brunecker Hausberg Kronplatz (um 1969); Eishockeyspiel des E. V. Bruneck am oberen Rienzdamm (um 1975).

Die Schulden eines unterhaltenden Vereins

Das Brunecker Hockeyjahr endet nicht nur mit dem bitteren Geschmack des ewigen Verlierers sondern auch mit saftigen Schulden: 95 (in Worten: fünfundneunzig) Millionen Lire. Woher nimmt ein so kleiner Verein das Recht sich dermaßen zu verausgaben, noch dazu, wo er in diesem Winter seine vielen Freunde, Fans und Gönner nur enttäuscht hat. Der Erfolg der Jungmannschaften kann weder über das moralische Fiasko noch über das finanzielle hinwegtäuschen und -trösten. 46 Millionen haben die beiden finnischen Gäste samt dem tschechischen Trainer abkassiert und das ist für drei Mann hoch fast die Hälfte des Gesamtdefizits; danke! Aufgeführt haben sie sich wie verhinderte Opernstars, was sie sich in ihrer Heimat nie leisten könnten, wohl aber bei uns in der Provinz. Deftig waren auch die Auseinandersetzungen der großen Drei mit ihren Allüren und Launen: der Verein spaltete sich in Lager, was dem Teamgeist bekanntlich sehr förderlich ist. Die Sitzungen wurden kämpferisch geführt, die Spieler wußten nicht mehr, wie sie dran waren, die Spatzen pfiffen es vom Dach, die Niederlagen waren Auftakt, Erfolg und Endergebnis. Nun ist die Eisdecke geschmolzen und darunter kamen die Schulden an den Tag. Das Stadion soll wieder der Gemeinde aufgehalst werden, ein(e) fette(r) 20-Millionensponsor(in) dringend für kommende Saison gesucht, ein Sommerfest soll weiterhelfen, an Ausländern wird strikt gespart. Die Lieferanten sind gebeten die Schulden mir nichts dir nichts zu erlassen und zum Glück sitzen die Herren Melchiori, Schönhuber und Adang im Stadtrat, also an der Quelle. Es ist zu bezweifeln ob alle frommen Wünsche in Erfüllung gehen, ob alle Gönner bei der Stange bleiben oder gar neue kommen. Tatsache ist, daß es sich in Schlittschuhen mit zu großer Nummer schlecht läuft.

190578

Bei den Künstlern

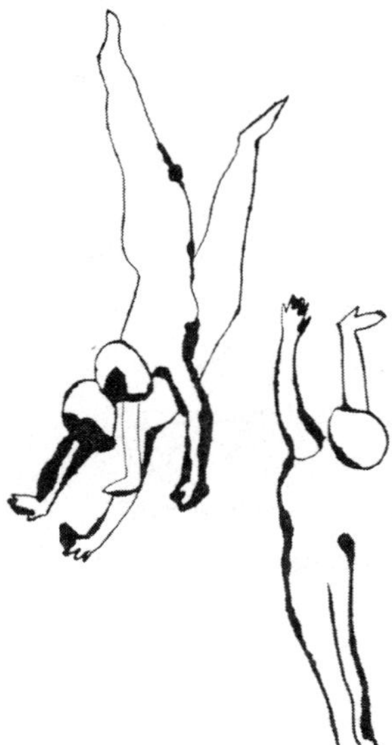

Zeichnung Kasers aus der Gedichtesammlung „orationen mit lyrik“ (1968).

wenn geld & geschmack
sich paaren

wenn geld & geschmack
sich paaren
& noch dazu
vielleicht einer
in der familie steht
der weiß
wie feine haeuser
gebaut sein.
dann allerdings
bin ich
gefueßelt wie ein
trottel
mit dem regenschirmgriff

& das wasser der
   lache
   ist mir bad
& warm daß ich
   nie aufstehn
   will

was haben sie an
mir fuern narren
gefressen?
(oder ich an ihnen
der neid?)

oder ich an Euch
den neid?

181172
5⁴⁵

Pusterer Kulturleben

Vizebürgermeister Gasteiger stellt aus

Keine Südtiroler Gemeinde hat einen solch kunstbeflissenen Vize wie Bruneck. Seit Jahren richtet er in der Athesiagalerie beachtenswerte Ausstellungen aus, wobei es ihm glückt angenehme Abwechslung in das recht karge Kulturleben der Stadt zu bringen. Unentdeckte und Unbekannte hatten ihre Chance, Berühmtheiten waren zu Gast und Vergessenes wurde ans Licht geholt und nun ist er, der große Arrangeur, ganz plötzlich selber da. Wie kommt es – wurde er gefragt – daß ein Mann mit sovielen Verpflichtungen nebenbei noch malt. Er meint dazu, daß ihm für aufwendige Ölgemälde keine Zeit bliebe aber für ein kleines Aquarell sei er zu haben, das diene zur Freude und Entspannung, außerdem sei er ein Fisch und noch dazu am Issinger Weiher aufgewachsen. In der Tat: seine Aquarelle sind hübsch und klein von Format, keineswegs tiefgründig oder schwerverständlich, die Farben sind frisch und glücklich gesetzt, eine »Handschrift« ist vorhanden aber keinem Stil verpflichtet und da und dort ein Hauch von Poesie. Denkmäler wird und will er sich keine erobern damit, aber man kann seine Werke unbesorgt jedermann zum Christkind schenken. Es sind durchwegs Landschaften im Wechsel der Jahreszeiten, die meisten aus dem Pustertal, keine Fotografien sondern einfach Bildchen zur Freude seiner Mitbürger. Und die waren auch zahlreich da und warteten hart auf Wein und Speck, nur der Bürgermeister selber scheint recht unmusisch zu sein, denn er war nicht da und hätte doch sicherlich was für seine Hotelzimmer brauchen können. Aber er hat noch Gelegenheit, denn die Ausstellung »Berge und Seen« von Josef Gasteiger ist bis zum Stegener Markt geöffnet.

[Oktober 1977]

Abstraktes gefällig?

Wenn die Ladiner auch keine Pusterer sind, so halten sie sich doch ganz gern und oft sogar lebenslänglich bei uns auf. Die einen aus geschäftstüchtigen Gründen, die andern wegen des Berufs und der Rest wurde glücklich hergeheiratet oder heiratete ein. Auch Albert Mellauner ist Pusterer geworden und wenn es noch am rechten Zungenschlag fehlt, so hat er doch etwas sehr Wertvolles von seinem Volke mitgebracht, nämlich Sinn und Geschick für die Malerei. Bis zum 9. November sind die letzten Werke des jungen Familienvaters, Mittelschullehrers und Kunsterziehers in der Athesia von Bruneck zu sehen und zu kaufen. Im ersten Moment ist man ein bißchen verblüfft, wir da in der Provinz sind ein wenig »hinten« mit der Zeit und Abstraktes ist uns noch nicht geläufig. Auf die Holztafeln sind Quadrate und Rechtecke klug und raffiniert hingesetzt, vor Rundungen und Kurven hat Mellauner schreckliche Angst, vor dem Zerfließen der Farben auch und trotzdem hören die viereckigen Bilder nicht mit dem Rand auf, sondern lassen sich mit etwas gutem Willen ins Unendliche weiterdenken. Zuerst eine mit lieber Unordnung grau gekachelte Badezimmerwand, dann der dezente Entwurf eines seidenen Kopftuches, dann wieder ein moderner Bodenbelag oder der Wandbehang für ein unruhiges Kind, das zum Einschlafen Kästchen zählen soll, so scheint es im Augenblick, aber dieser Augenblick trügt gewaltig. Dahinter steckt die Hand eines feinen Komponisten, der den Mut hat die leichtesten Farbtöne auszuspielen, dahinter steckt die Lehre des großen Niederländers Piet Mondrian (1872–1944) und oft die Scheinperspektive von Victor de Vasarely (geb. 1908), die nichts anderes will, als das Auge hinters Licht führen. Mellauner macht und malt nicht einfach nach, er meidet harte, scharfe Farben und das ist der sanfte, wohldurchdachte Reiz seiner Sachen . . . und das Persönliche daran. Sind die Bilder auch recht eckig, die Preise sind sehr rund, so um einen halben Monatsgehalt herum, aber eine Überlegung sind sie wert.

011177

Norbert C. Kaser mit dem Maler Albert Mellauner auf dessen Vernissage in der Athesiagalerie in der unteren Stadtgasse (Herbst 1977).

Lesung Kasers im Rahmen der Vernissage von Albert Mellauner.
Bild unten: Links außen stehend Josef Gasteiger.

Pusterer Chronik

Von allem etwas

Und halt schon wieder von Kunst geht die Rede, als wärs das Steckenpferd des Chronisten, aber in der Athesiagalerie räumt einer die Bilder weg und der nächste hängt sie auf. So schnell geht das bei uns. Diesmal hat eine Frauenhand die Pinsel gerührt und zeigt bis zum Kathreinitag ihr buntes Schaffen, bis dahin hat sie die vielen Raintürme verkauft. Frau Annelies Hitthaler-Frenes, eine angesehene Brunecker Bürgerin, zeigt in den verschiedensten Techniken ihr Können, was bei aller ererbten ladinischen Farbenfreude und -pracht leider manchmal etwas schief gegangen ist. Auch die Vielfalt der Themen, wie Landschaft, Stadtansichten, Porträts, erzählende Bilder, Blumen, verwirren ein beschauliches Gemüt. Die Landschaften sind, wie bei allen derzeitigen Südtirolern, ohne Tier oder lebenden Mensch und jede Spur von Zivilisation ist tunlichst weggemalt. In diesen Häusern und Höfen ist besser nicht leben: ohne Blitzableiter, Stromzufuhr, Fernseher oder Traktor. Diese Idyllen sind Traumbilder einer heilen Welt, sind Wünsche nach vorgestern, sprechen nur mit Farben und Gemüt. Häuser marionettenhaft an Schnüren aufzuhängen ist bei Gott nicht mehr neu, H. Zanol betreibt das schon lange. Die Porträts sind ein bissel grob in Öl gesetzt, die Blumen hingegen sind leicht-luftig und die Stärke der Ausstellung. Ganz gewaltig hapert es bei der Hinterglasmalerei: Franziskus und die Tochter des Mondkönigs sind sowohl verpatzt als auch kitschig. Unser liebes Bruneck aber, ganz ungewohnt in Email gesetzt, hat Hauch, hat Pfiff, hat Geschmack. So etwas lob ich mir, denn es setzt Feingefühl und Handwerk voraus. Erfreulich ist die Kauflust der Leute: eine Frenes will halt jeder in der guten Stube. Bis zum nächstenmal, denn ich möchte Besseres zu berichten haben, etwas weniger wäre mehr.

141177

Pusterer Chronik

... und halt schon wieder eine Ausstellung

Der Chronist könnte einem leidtun, aber er hat irgendwo eine kulturelle Ader. Man verzeihe ihm das. Ganz Ladinien scheint keinen Raum zu haben, um Bilder und Bildchen zu zeigen, außer eben in Bruneck. Diese Ausstellung ist bereits der dritte Streich: Josef Irsara hat in Öl zugeschlagen, ohne zu wissen, daß der Impressionismus ein Kind des vorigen Jahrhunderts ist. Viel pflanzliches Gewucher in der Manier von van Gogh oder Seurat, man weiß nicht recht, technisch sauber ausgeführt doch ohne Farbenfreude. Gut für's Wohnzimmer. Die paar Portraits, die etwas abseits herblicken, wirken angekränkelt und müde. Zurück zum großen Rest: vor heimatlichem Pflanzenwuchs hat sich der Künstler nach Möglichkeit gehütet, was lobenswert ist, aber Phantasie ist keineswegs zu erkennen. Wie im Gemüseladen werden einem die Sachen vorgesetzt, beziehungsweise vorgehängt, zu annehmbaren Preisen übrigens. Arg ist es allerdings um die Farbe bestellt. Der Meister scheint gerade seine »Grüne Periode« zu haben, was psychologisch gesehen wohl dem Auge nützen soll, doch auf die Länge fad wird. Mit my fair lady kann man singen: »Es grient so grien, wenn Ladiniens Bliten blien.« Und der Professor drauf: »Jetzt hat er's, jetzt hat er's!! .. eben nicht.«

031277

Sandra Zoderer im Hexenhäusl

Und halt schon wieder Kunst! Jetzt kommen sogar die Bozner nach Bruneck um ihre Sachen zu zeigen, meint man. Meint man eben nur, denn Sandra Zoderer lebt jetzt zwar dort mit dem hinlänglich bekannten Schriftsteller und RAI-Journalisten Joseph Zoderer verheiratet, aber aufgewachsen ist sie in Reischach und stammen tut sie aus der Brunecker Schönhuber-Sippe. Studiert hat sie eigentlich Architektur, aber wegen des Mannes und zweier Buben an den heimischen Herd gefesselt, hat sie angefangen zu malen und recht hat sie dabei getan. Soweit zur Person. Batiken und Aquarelle werden gezeigt und wenn man bedenkt, daß das sozusagen die Uraufführung ist, so steht uns noch viel Gutes bevor. Batik, zur Hilfe des Laien sei's kurz erklärt, ist eine uralte ostasiatische Malweise mit leuchtenden Farben und verschiedenen Wachsschichten auf feinen Stoff gebracht. Zufall und Glück entscheiden dabei viel und so hat man sich hierzulande in dieser Technik auf Kopftüchern, Kissenbezügen oder Schals versucht, daß man regelrecht Bilder machen – ich sage ausdrücklich »machen«, denn viel Handfertigkeit braucht es – kann, beweist diese junge Reischach-Boznerin. Ihr Hauptthema ist das Kind. Nicht das lustige mit Apfelbacken, nicht das schwindsüchtig traurige, sondern das Kind mit seiner Spannung und seinem inneren Problem. Leider wird durch das wurmstichig heimelige Getäfel der Seeböckstuben viel davon aufgesaugt, dafür ist der Kontrapunkt gehauchter Aquarelle und kräftiger Batik gut gelungen. Daß die Ausstellung gut sein muß, beweist ihre Eröffnung: kein Gedrängel der üblichen kunstsinnigen Kulturfreunde, lauter unentschuldigte Abwesenheiten. Schade um Wein und Speck, um die wohldurchdachte Einführungsrede, schade um die baumfrischen sizilianischen Mandarinen und Nüsse, aber das stand nicht auf dem Plakat und die gierigen Brunecker Bürger wußten es nicht.

131277

Der große Querschnitt

Das Seeböckhaus, nunmehr zur Stadtgalerie erhoben und mit einer bilderverdeckenden Modeschau am »Güldenen Sonntag« getauft, bietet in seinen Stuben einen Querschnitt einheimischen Kunstschaffens von Albert M. bis Zanol. Drängelnde Prominenz, händeschüttelnd zwischen Schulamtsleiter, Bürgermeister und Gemeindearzt hin und hergerissen, kunstbeflissene Professoren, Doktoren, Direktoren: *man war unter sich*. Besonders als Dr. Walde wie ein verlegener Schulbub die Einführung heruntersagte, und dabei nämlich nichts sagte, war es Zeit für unsereinen zu gehen, ehe der Wein entkorkt war und die Blumensträuße entwickelt. In stiller Stunde ist der Chronist dann zurückgekehrt und hat einen wirklich gelungenen Querschnitt festgestellt. Fast alle sind vertreten, fast alle im Pustertal »Bekannten«, ein paar Bozner dazwischen, oder ein Plattner oder wer noch? Alle Techniken waren da: Email, Gabriellimineralmetallbild, Aquarell, Wandbehang usw. Seriös und gut und bürgerlich das Ganze. Neue Namen säuberlich ausgespart. Die müssen erst »reifen«. Hut ab vor May-Hofer, einer in sich verschlossenen alten Dame, die mehr Epochen erlebt hat, als den akademistischen Malern zusteht zu behaupten. Trotz alledem: ein guter Querschnitt, wie bei einer frisch angeschnittnen Wurst, denn die Fettaugen sind sichtbar. An ein Wagnis wagt sich die selbsternannte Stadtgalerie kaum: die Premiere beweist's.

221277

Porträt Kasers (Verfasser unbekannt), um 1977/78.

Detail des Titelblatts der von Kaser selbst gestalteten Gedichtesammlung „miniaturen & hymnen“ (1969).

»Banausenbraunegg«

Dahingeworfene Perlen (siehe im Evangelium), das zeigt sich immer mehr, haben in Bruneck wirklich keinen Wert und Reiz. Zeichnungen eines Großmeisters der Illustration, des Makabern, des Unfaßbaren und Beunruhigenden sind in der Athesia zu sehen. Auch wenn der Künstler selber nicht mehr zu vernaschen war, auch wenn die Sachen nicht käuflich sind, hätte er sich mehr Eröffnungspublikum verdient. Der »Behm« von Zwickledt, nebenbei Literat und 77 genauso wie Michael Pacher oder Oswald von Wolkenstein vom österreichischen Staat mit einer Briefmarke geehrt, konnte selbst durch die Einführung des Kulturassessors nicht mehr gerettet werden, der aus dem Großen Brockhaus Daten, Bekannt- und Freundschaften herunterstotterte und vom allmächtigen Kulturverein sowieso geschnitten wird, weil sie allesamt das Kulturpulver erfunden haben. Klammheimlich wird natürlich Professor Pack's sommerliche Schönfärbergilde in diesen Tagen die Zeichnungen begutachten . . man kennt das. Dann stehen sie da in gebührender, rührender Ehrfurcht. Trotzdem wird jeder unbedarfte Landschafts- oder Hobbytuifelemaler mehr gekost und verehrt, als Österreichs größter Zeichner. Vielleicht stiften seine Bleistiftalpträume Unbehagen und Unfrieden; »ein Fischer im Drüben«, so heißt er bei Paul Flora, dem man allerdings noch lebend einen Scheck zustecken kann, um ihn zu haben. In der Kunst gibt es auch »Antrisches« und den Tod, die Maske, das Vergängliche; rauschende Bächlein, sonnenbeflutete Almen hat der Zeichner keine:

er heißt:

ALFRED KUBIN

(bitte im Lexikon nachschlagen!)

110178

Doktor Faustus zu Brauneggen

Endlich einmal Theater für Bürger, Bauer, Bettelmann, für Fromme, Heiden und Doktoren, zum Lachen oder Sinnieren. Endlich einmal ein Stück, das volksnah ist, nicht wie das abgedroschene Stroh der Volksbühnen, jene Schwänke, die da »kitzel-dich-selber« heißen. Der »Faustus« wurde bei uns schon lange vor Goethe als Volksstück in Stuben und auf Plätzen gezeigt und am längsten hat er sich auf dem Stegerhof zu Prettau am Leben erhalten können, bis herauf in die finstere Faschistenzeit. Der Stoff ist allbekannt, die Fassungen sehr unterschiedlich, vom vielen Abschreiben verändert und wenn es gar zu derb zu werden drohte, brachten geistliche Herren den Text wieder in sein moralisches Geleise. Aufwand und Spieler braucht es nicht viel, es herrscht, so komisch es klingen mag, altgriechische Sparsamkeit. Geschickt hat Baron Sternbach an der Prettauer Handschrift gearbeitet und [sie] dann mit jungen Laienspielern auf die Bretter gebracht. Die Mischung von Mundart und Hochsprache ist ausgewogen, stört nicht und ist nicht gequält: sie sorgt sogar für Spannung. Ab und zu ein überraschender Dreh, ganz unerwartet und belebend. Ein kokettes Gretchen aus Griechenland, eine dumme Gans mit allen Raffinessen, ein recht irdischer Doktor Faustus, ein Bajaz, der zwischen Publikum und Bühne lustig seine Fäden spinnt, ein geriebener »Mezistefilus«, dem man besser nicht über den Weg läuft und ein bis auf die Knochen frommer Einsiedler, das ist alles. Ein Vor- und ein Nachspiel zur Hebung der Moral, ein wenig Zwischenmusik aus der späten Renaissance . . . nur die einführende Nachhilfestunde in Sachen Literatur- und Kulturgeschichte hätte sich Baron Sternbach sparen können.
»Zwei Seelen wohnen, ach, in meiner Brust« heißt es bei Goethe, mir war der Prettauer Faust auch recht, fast lieber: »Mit der Rechten tut der Faust den Rosenkranz halten, mit der Linken zählt er Kittelfalten«. Summa summarum, sehenswert noch immer am 5., am 8. und am 11. August im Brunecker Schloß.

280778

Die Vorstellung dreier Jungfrauen
(Arunda Nr. 6)

Die etwas aufwendige Arunda ist wieder mit üblicher »Pünktlichkeit« erschienen und wurde diesmal in Bruneck vor den wie üblich aufwendigen Publikum vorgestellt, einem Publikum, das bereits so gegen Einführungsreden abgehärtet ist, daß es klatscht, lächelt und einen höflichen Diener macht wie einstudiert. Den Ehrenschutz zu diesem Heft hat Senator Brugger übernommen, der sein »witziges« Kulturscherflein zum Besten gab, so wie Politiker es eben zu tun pflegen. Die Arunda mit ihren drei Jungfrauen ist jedenfalls besser als die Anwesenden – von wenigen ausgenommen, die ins Fäustchen lachten. Nicht zu vergessen: das Fernsehen war auch da. Damals, zu des fürchterlichen Attilas Zeiten, waren Aubet, Cubet und Quere hungrig und durstig durch Europa geflüchtet, wohlbedacht auf ihre Jungfräulichkeit und endlich in Meransen angelangt, gar nichteinmal gern gesehen, da erwuchs ihnen zur Labung ein Baum mit herzhaften Kirschen. Die örtlichen Kulturbürger labten sich nach überstandenen Reden ganz ohne Wunder an Wein und Speck.
Zum Eigentlichen: diese zweite Monographie der Arunda (nach Wielanders »Vinschgauer Sonnenberg«) ist ein hervorragend gelungenes Werk Karl Grubers, des Diözesankonservators. Material aus zwanzig Jahren stand ihm zur Verfügung. Die Bilder, die bei weitem den Text überwiegen, sind nicht nur zum Anschauen da, sondern zum Lesen und Deuten. Ihre Qualität und Zusammenstellung ist geglückt, anregend und fordert zum Denken, den, der denken will.
Das erste Kapitel gilt dem Dorf Meransen selber. Gruber kann es sich nicht verkneifen 760 Großvieheinheiten, 111.692 Übernachtungen und 564 Einwohner gegeneinander auszuspielen. Auch sonst wird man nicht statistisch oder kirchengeschichtlich fadisiert. Kapitel zwei gehört der Legende der drei Jungfrauen. Sie müssen sehr schön gewesen sein, sonst hätte man sie nicht von Aquileia bis Köln durch halb Europa verfolgt und nichteinmal in der Einöde von Meransen in Ruhe gelassen. Trotzdem nahmen sie ein bitteres Märtyrerende ohne unter den

kanonisierten Heiligen verzeichnet zu sein. Drumherum ranken und winden sich Wallfahrten, Bittgänge, Votivgaben und unverbrüchlicher Volksglaube, die den Meransner Patroninnen nicht genommen werden können. Man lese und betrachte selber (allerdings zum stolzen Preis von 5.500 Lire). Das Heft wird abgeschlossen mit einer Dokumentation einer Dorfprimiz, die ihresgleichen sucht. Mehr Südtiroler Orte würden sich ein Heft solcher Art verdienen, anstatt der üblichen prospekthaften Schönfärbereien. Mit Wissen gemacht ohne Trockenheit, stilistisch sogar bei Zahlenangaben noch erfrischend, keine Liebedienerei an die Heimat: eine Votivgabe an Aubet, Cubet und Quere.

100878

von einem kuenstler

von einem entsetzten kuenstler
dem ein stueck
kunst zu boden
gefallen ist
hat ihn am meisten
die scheibe
entsetzt

ueber markus vallazza
anlaeßlich seiner vernissage
vom 011272 in bruneck

Abschied

Postkartenansicht der Brunecker Oberstadt mit Mariensäule, von Kaser am 090278 an Rosmarie Judisch gesendet. Darunterliegende Postkarte an Hans Haider am 291076.

seit sieben jahren
lebt in meinen
kleidern eine spinne

wie ich sie damals
gefragt was sie wolle

hat sie gesagt:
ich liebe dich &
du liebst das sterben

seit sieben jahren
leben wir zusammen
lieben einander
& jeder hat jeden
   in seiner gewalt
& so frage ich tag
   für tag ob ich
   sie zerdruecken
   soll

heute loest die frage
sich
in meinen achselhaaren
haengt eine gewobne
kugel
mit jungen drin

[4. 7. 70]

An Frieda Kainzwalder vernuer 031271

■ es war der 3. november um 9 uhr: ploetzlich fliegen meine mutter selig schweißausbrueche & starke schmerzen an
wir wissen uns nicht zu helfen . . einen arzt will sie nicht
gegen 19 uhr holen wir erst einen arzt: herzinfarkt! dieser erste infarkt wird im spital gut kuriert & meine mutter selig freut sich schon auf den kommenden mittwoch (011271) . . . sie soll entlassen werden. am samstag den 27. november am spaeten abend zerreißt sie ein neuer infarkt . . .
& wir haben sie verloren . . . . . unsere mutter, meine mutter ■

so liegen denn
alle scherben
meiner brunecker
vergangenheit
aufm grab meiner mutter

& mit einem besen
loescht sichs aus
aus eisen

heimweh hab ich ver-
loren & keine erde
deckt die grobheit
der schwester

ach
wie hab ich geweint & geb
es zu
vor dem geizigen
holzkreuz
und IHREM namen

[21. 12. 72]

eh ich schon wieder aelter werde

ein goldfischglas auf dem tisch sonne auf dem bauch erste surbeln de fliegen. den hund zu fueßen an den schuhbaendern kauend oder auch zu faul dazu. ein wein am vorabend meiner 28. geburt. pfui teuf el wird man alt selbst ohne bart ein elend wenn gezaehlt wird eine freude wenn Du Dich des kindseins besinnst & die unschuld bewah rst . . nicht jene die keuschheiten betreffen soll (kinder & keusch? ich nie) unschuld im gebrauch von geld phantasie & gelaechter unschul d sogar in lastern & traenen. der schutzengel ist mir geblieben der mi ch himmelblau ueber den reißenden bach fuehrt & ich hab mich sein er leitenden hand noch nicht verwehrt. vielleicht bet ich als murmelg reis noch zu ihm & sonst ists auch gleich: fall ich eben in den bach. w as hab ich nicht alles getan wo bin ich nicht herumgekugelt? in den suempfen des lichts im lehmigen letten der freude & sonst? wo ich gewesen? es ist gleich. wie ich gewesen & wo ich jetzt bin gilt.
jetzt mueßte der kirschbaum bluehen der schnee sich verziehen & b ald die schule aus sein. allein ich warte zu zu zu zu. wie ich gewese n? ganz ehrlich: brav. einfach brav. & weil ich so brav war haben sie mich geschlagen denn sie fuerchten sich in der blindheit. denn ich bi n licht & hell & sonnig – ohne falsch ein rechter dummer weltumarm er – nur die dummheit umarm ich nicht weil ich eben dumm bin. jetzt lieber norbert keine 28jaehrigen gefuehlchen. ein schrei am anf ang einer zum schluß genuegt.

180475

An Klaus Gasperi — flaas 260575

▪ seit etwa zehn tagen bin ich vollkommen darnieder: psychisch am arsch & schlechter dran als ein nerververl, physisch kann ich mich ka um mehr auf meinen duerren stecken halten, jede form von essen be reitet mir kotzen & selbst der wein ist mir widerlich . . nur rauchen g eht noch (zigretten lassen sich zumindest nicht scheißen oder speie n). sonst verbringe ich die zeit im bett halbschlafend doeselnd. ich bi n wie ein lahmer; lese nicht schreibe nicht denke nicht.

bitte besuche mich am donnerstag (fronleichnam) mit dem tito denn auch haymo ist ziemlich unterm hund. nimm mit was Du mitnehmen kannst . . vielleicht auch meinen vater . . aber komm. ich bitte Dich.

hoffend
norbert conrad

An Siegfried de Rachewiltz — flaas 240975

■ ich bin total zerstoert meine liebe leber ist beim teufel demnaechst stecken sie mich in eine spezialklinik. ■

An Klaus und Marlene Gasperi — flaas 061075

■ ps. 2 natuerlich begeb ich mich in kur nur in diesen letzten zwei wochen tu ich wild! keine sorge

An Markus Vallazza — verona 191175 / hl. elisabeth

■ ich habe den halben oktober viel geweint & getrunken. es ist an der zeit daß dieses leben in etappen sein ende nimmt. ich bin der abschie de satt. ■

An Erika Prader — verona 031275

■ die letzte nacht habe ich schlecht zugebracht nachdem aus versch iedenen befunden hervorging daß es mit mir sehr knapp stand dama ls im juni . . nun bin ich ueberm berg vorausgesetzt ich weiß mich zu halten. sicher habt Ihr es mir damals des oefteren gesagt wie schwar z es um mich aussieht aber ich habe es einfach nicht zur kenntnis ge nommen. Ihr seid in sorge um mich gewesen & ich habe Euch ausgel acht & nicht begriffen. ich war von unverschaemter blindheit ohne zu bedenken daß im bozner spital das gewaehrte mittagsviertele ni chts als ein gnadenakt war. ich bin undankbar gewesen & habs nicht gewußt ich war ein saukerl ohne verantwortung weder mir noch Eu ch gegenueber. jetzt wo langsam wieder leben in mich kommt begin nt mir zu daemmern was ich »derstellt« habe. leider widersteht es mir zutiefst Euch zu danken oder Euch um verzeihung zu fragen. die dimensionen stehen in keinem verhaeltnis . . ■

haymo tot

[13. 5. 76]

vor weh
ging ich in den mondhellen wald
an seiner statt
die bleiche scheibe anbellen

[14. 5. 76]

trauer
legt sich
ueber den tag

& zu verwinden
ist das scheiden
des vaters
nicht

trist
wird die
nacht

[23. 1. 77]

geraucht geweint gesoffen
& betroffen ist mein leib

ach ewig leb ich nicht
&'s kerzenlicht bei toten bleib

[31. 1. 77]

am graben

eine schwarze taube
laeuft vorbei

der schatten
    meines
        gleichnisses

halbtaub
halbstumm
malad!

210377

An Rosmarie Judisch — bruneck 050777

hatte kreislaufkollaps. hing am faden. gerade aus dem spital zurueck. koffer & literatur noch unberuehrt. ▪

An Johannes E. Trojer — bruneck 010278

▪ in letzter zeit bin ich menschenscheu & boesartig. mit der gesund heit hapert es: alle bitt-fuer-uns derwischt mich die grippe. das schr eiben macht kein spaß der geldbeutel ist sowieso schon schrumpfig & keine schwangere lehrerin zum einspringen in sicht. ich hab auch kein interesse mehr dran empfinde weder neid noch haß noch lust. ▪

diese zeilen sind genau geschrieben wie das gehoeft meiner seligen großmutter in flammen aufgeht noch dazu ist es das haus meines lei blichen vaters dessen eltern in den wirtschaftswirren der zwischenk riegszeit das gut erschlichen haben. seis drum. alles nimmt bittre end en & ich habe jene zeiten ja gar nicht erlebt. verlorengegangen ist in unsrer familie schon mehr so der hof meines großvaters zu reischa ch den ihm der eigene leibhaftige bruder abgeluchst hat und der schl ießlich in den gierigen haenden eines hoteliers bis auf den graniten en gotischen torbogen mit der spitzhacke sein modernes ende fand. ▪
▪ es ist kalt. wind haust im roggen. am hang wo es brennt wird wenig wasser sein. das vieh ist gerettet. es ist kalt sehr kalt auch in mir. ▪

das gehoeft

brenn vaterhaus brenn
brenn großmutterhaus
das vieh ist heraus
sogar die henn

die verrueckten schweine
blendet das licht
gellend faellt der hof
in sich
brenn zu asche
nordwind
vertreibs

brenn vaterhaus brenn
brenn großmutterhaus
das vieh ist heraus
& auch die henn

280678

An Rosmarie Judisch bruneck 280678

■ hier in bruneck sterben die interessanten leute wie die fliegen dah
in & unsre jahrgaenge stehen jetzt in vorderster front. wir sind ueber
haupt eine recht eingeklemmte generation. rueckwaerts geht es nim
mer & vor dem vorwaerts graut uns. ich esse gerne kirschen. auch rh
abarber. es waer an der zeit. der sommer will & will nicht werden. D
eine briefe & botschaf   ten sind lichtblicke vi
elleicht sonnenstrahl   en. es gelingt mir nic
ht dankbar zu sein. ic   h waere es gern. davo
n traeume ich naecht   ens. laß mich fallen. l
oesche mich. loesch a   us Dein licht & schlaf
e. zu vieles ist noch z   u tun aber es ist unser
los alles unvollendet   lassen zu muessen. &
das ist besser so denn   gelebt muß sein. ode
r nicht. auf der ilm ve   rdreckte schwaene
(was ich diese galgen   voegel hasse!) zu wei
mar ein friedhof & buchenwald & historisches pflaster. heimweh hab
ich nach Dir & jener pfuetze im kurpark wo i Dir die ersten meiner s
ilben schenken konnte. ■

ich krieg ein kind
ein kind krieg ich
mit rebenrotem kopf
mit biergelben fueßen
mit traminer goldnen haendchen
& glaesernem leib
wie klarer schnaps

zu allem lust
& auch zu nichts

ein kind krieg ich
es schreiet nie
lallet sanft
ewig sind
die windeln von dem kind
feucht & naß

ich bin ein faß

280778

Begräbnis Norbert C. Kasers am 23. August 1978 am Friedhof von Bruneck.

INTER MORTVOS EST
STRATVM MEVM SIC
VT OCCISORVM QVI I
N SEPVLCRO IACENT
unter die erschos
senen
bin ich zu zaehlen
unter die opfer
des kampfes
erschlagen haengen
meine haende
ohne finger

in die literatur

[Herbst 1968]

Nachwort

Im August 2015 veröffentlichte die römische Wirtschaftszeitung *Il sole 24 ore* eine statistische Erhebung zur Lebensqualität in italienischen Gemeinden mit bis zu 50.000 Einwohnern. Die Stadt Bruneck belegte in diesem Ranking zum zweiten Mal nach 2014 den ersten Rang unter mehr als 8.000 Mitbewerbern. Ein überdurchschnittliches Pro-Kopf-Einkommen, geringe Umweltverschmutzung, flächendeckende Gesundheitsversorgung und ein hochwertiges Bildungsangebot hatten ihr den Titel „glücklichste Kleinstadt Italiens“ eingebracht. Setzt man die statistischen Durchschnittswerte mit der jüngeren Vergangenheit in Verbindung, steht die Auszeichnung am Höhepunkt einer Erfolgsgeschichte. Mit dem Spott des Neiders möchte man schreiben: die Wandlung des Provinznests zur Wohlfühloase.

Norbert C. Kasers Leben und Sterben in just diesem Ort ist in den vergangenen dreißig Jahren aus unterschiedlichen Perspektiven beleuchtet worden. Gemeinsam ist allen daraus entstandenen Erzählungen, dass sie in scharfem Widerspruch zur städtischen Erfolgsgeschichte stehen. Kasers Biographie erscheint vor diesem Hintergrund bestenfalls als statistischer Ausreißer – über den man lacht, wenn die Geschichte des Hundes Haymo zur Sprache kommt, den man ansonsten aber gerne beiseiteschiebt. In privater Runde einigt man sich dann gerne auf das tragisch vorgezeichnete Schicksal eines von Geburt an Benachteiligten, der ledig geboren und ein Leben lang kränkelnd noch mit 23 Jahren gestehen musste: „ich war koerperlich immer der schwaechste“.
Soziologisch aufgeschlossene Kaser-Interpreten wie der ZEIT-Journalist Rolf Schneider mahnten indes schon früh und völlig zu Recht, den Einfluss gesellschaftlicher Rahmenbedingungen auf den Lebensweg Kasers – auch und gerade in Bruneck – nicht gänzlich zu übersehen. Immerhin hatte Kaser selbst unter Beweis gestellt, dass sich widrige Lebensumstände mit etwas Hilfe in persönliche Stärken ummünzen lassen. Die geistige Aufgeschlossenheit und Wissbegierde, die der junge Kaser früh entwickelte, deckt sich mit der Überlebensstrategie nicht weniger Arbeiterkinder seiner Generation, die ihre Außenseiterrolle auf dem Bildungsweg erfolgreich überwanden.

Kasers zweifaches Versagen bei der Maturaprüfung passt nicht ganz in dieses Bild und scheidet in Fachkreisen noch heute die Geister. Lag es an Disziplinlosigkeit und einigen Wissenslücken? Oder doch an der kleinlichen Missgunst der Brunecker Spießbürger gegen den mittellosen Emporkömmling? Dass Kasers Prüfungsarbeiten von der Forschung bis heute nicht eingesehen werden konnten, nährt weiterhin Verdachtsmomente.

Vermutlich würde schon längst niemand mehr danach fragen, hätte der gestrauchelte Gymnasiast 1969 doch noch in ein geregeltes Leben zurückgefunden, als er im Frühjahr jenen Jahres auf den Österreichischen Jugendkulturwochen in Innsbruck den literarischen Ritterschlag erhielt und wenig später als Externist doch noch die Maturaprüfung schaffte. Der frühe Tod, neun Jahre später, und das damit verbundene Unbehagen drängen die Frage nach den Ursachen für Kasers tragischen Lebensverlauf aber letztlich doch immer wieder neu in den Vordergrund.

Jenseits des persönlichen Verantwortungsbereichs für das eigene Leben dürfte ein Teil der Wahrheit in den schwerwiegenden Auswirkungen zu finden sein, die Kasers geschichtsträchtige „Brixner Rede“ vom August 1969 gezeitigt hat. Mit ihr hatte der angehende Universitätsstudent unbestritten einer ganzen Generation von Südtiroler SchriftstellerInnen die Tür zum literarischen Erfolg aufgestoßen, sich selbst aber wohl zu Lebzeiten um den beruflichen Erfolg gebracht: „scharfe polemiken in der lokalen presse & aechtung meiner person“, von denen er im Anschluss berichtete, hatten ihn zweifelsohne sehr belastet.

Den Alkohol nutzte Kaser zu diesem Zeitpunkt offenbar schon länger als trügerische Arznei gegen den Schmerz anhaltender Mittellosigkeit und konstanter (auch zwischenmenschlicher) Demütigungen – später wohl auch gegen die wochenlange Einsamkeit in entlegenen Bergschulen. Dem Schriftsteller Gerhard Kofler gestand er jedenfalls schon vor Abbruch des Universitätsstudiums in Wien nach nur vier Semestern, „dass ich mich ganz trefflich zum alkoholiker herunterentwickelt habe.“

Zieht man lediglich die Suchtkrankheit als Vergleichsmaßstab heran, ist Kaser in Bruneck und wohl auch in allen anderen Kleinstädten dieser Welt ganz sicher kein statistischer Ausreißer, sondern in jedem Fall

Teil einer stummen, versteckten Minderheit – mancherorts vielleicht sogar einer Mehrheit. Bereits auf Seite 39 dieses Buchs (im Bild oben rechts, links außen sitzend) ist ein Zeitgenosse Kasers zu sehen, dessen Leben einen ähnlichen Verlauf nahm. Ihm hatte nicht das Schreiben, sondern sein fußballerisches Talent lokale Bekanntheit und Karrieremöglichkeiten eröffnet (in Anlehnung an einen Starspieler seiner Zeit trug er den Spitznamen „Schnellinger"). Auch Schnellinger, der mit bürgerlichem Namen Rico Prati hieß, starb vor einigen Jahren, nachdem sich der Traum von der Sportlerkarriere längst im Alkohol verflüchtigt hatte.
Kaser unterscheidet sich in der Erinnerung der Nachgeborenen freilich von Rico Prati und vielen anderen Gescheiterten, weil die reale Niederlage oftmals erst die Voraussetzung für den Erfolg in der Kunst schafft. Es darf mit Hans Haider vermutet werden, dass Kaser in diesem Zusammenhang H. C. Artmanns „Acht-Punkte-Proklamation des poetischen Actes" gekannt hat, in der „reine Dichtung" dadurch bestimmt wird, dass sie „materiell vollkommen wertlos" ist und im Grunde nicht einmal niedergeschrieben, sondern zu allererst als „Pose" gelebt werden muss. Solcherart wird sie zu einem „der wenigen Reichtümer, die wir tatsächlich unentreißbar mit uns tragen können".
Spätestens Kasers letztes Gedicht „ich krieg ein kind" entspricht Artmanns Vorgaben zur Gänze. Im Sterbebett geschrieben, ist es Kasers Eingeständnis seines menschlichen Versagens, das sich in der symbolischen Geburt eines lebensunfähigen Kindes ausdrückt – „mit gläsernem Leib" und ewignassen Windeln. In literarischer Hinsicht markiert der poetische Ausdruck des eigenen, bitteren Schicksals hingegen Kasers Auffahrt in den Olymp der Literaturgeschichte.

Es ist weder ein Geheimnis noch eine literaturhistorische Besonderheit, dass der Schriftsteller Kaser zu Lebzeiten in seiner Heimatstadt keine große Wertschätzung erfahren hat – ebensowenig, dass er nach Bekanntwerden des posthumen Erfolgs recht schnell mit einem unpassenden Denkmal gewürdigt wurde (siehe hierzu seine Gedichte auf S. 140 und 141). Immerhin ist es insofern authentisch, als es jenes Missverständnis verkörpert, das zwischen Kaser und den bürgerlichen Eliten seiner Heimatstadt zeitlebens bestanden hatte.

Zöglinge des Pädagogischen Gymnasiums Bruneck, die sich 2003 in einer Schülerzeitung intensiv mit Kasers Leben und Werk beschäftigten, und Anton Presteles Kaser-Oper aus dem Jahr 2009 dürften dem Geist des Schriftstellers wesentlich näher gekommen sein. Ihnen fühlt sich auch dieses Buch verbunden, wenngleich es in erster Linie persönlichem Interesse entsprungen ist – dem Interesse für die jüngere Vergangenheit der eigenen Heimatstadt und dem Interesse für einen außergewöhnlichen Schreiber, der seine Zeit in subjektiven Momentaufnahmen besser eingefangen hat, als so manche objektive Statistik. Kasers Texte sind authentischer, weil in ihnen Beobachtetes nie auf einen Durchschnittswert reduziert, sondern als etwas Unverwechselbares erkennbar wird. Seine Vergleiche ergeben nie ein eindimensionales Ranking, sondern sie bilden die reale Komplexität aus vielen Gemeinsamkeiten und Widersprüchen ab. Das lokal Beschränkte aufbrechen, indem man universell verständlich davon spricht, darin besteht Kasers herausragende literarische Leistung.
Wie weit Kasers Sprache den Horizont erweitern kann, deutete mir Sigurd Paul Scheichl kürzlich mit der Bemerkung an: „Bruneck ist Kasers Dublin." Sollte dieses Buch die Parallelen zu James Joyce und seinem Roman einer städtischen Irrfahrt mit dem Titel „Ulysses" erkennbar machen, auf den sich Scheichl unmissverständlich bezog (und den auch Kaser in einem Brief vom 10. Juni 1970 erwähnte), dann hat es sein Ziel erreicht.

Joachim Gatterer

Kurzbiographie

Norbert Conrad Kaser, geboren am 19. April 1947 in Brixen, gestorben am 21. August 1978 in Bruneck.

Als uneheliches Kind erste Monate in Säuglingspflege (leiblicher Vater Alois Mairunteregger). Nach Heirat der Mutter Paula Thum mit Franz Kaser im Oktober 1947 familiäre Kindheit in einfachen Verhältnissen, überschattet von schweren Erkrankungen (Rachitis und chronisches Nierenleiden). 1950 Übersiedlung der Familie von der Brunecker Stadtgasse in eine Dienstwohnung der Tuchfabrik Moessmer, später ins dortige Pförtnerhäuschen. 1952 Geburt der Schwester Monika.

Schulische Laufbahn ab 1953, beginnend in der Knabenvolksschule in Bruneck. 1958–1961 Lateinmittelschule, anschließend Gymnasium/Lyzeum. Parallel dazu Ferialarbeiten in Bruneck (Geschirrladen „Neuhauser“), in Monterosso (Ligurien) und Ludwigshafen (BRD). Engagement in der Katholischen Studierenden Jugend (KSJ), erste Texte für die Schülerzeitung, Verwendung des zweiten Vornamens „Conrad“. 1966 Scheitern an der Maturaprüfung, Wiederholen der Abschlussklasse, 1967 erneutes Scheitern.

Von Herbst 1967 bis Frühsommer 1968 trotz fehlendem Schulabschluss Aushilfslehrer in der Mittelschule Laas (Vinschgau). Parallel dazu Veröffentlichung der ersten Gedichte in der Zeitschrift *die brücke* und in selbstgefertigten, eigenhändig verschenkten Gedichtesammlungen.

Im September 1968 Eintritt ins Kapuzinerkloster Bruneck bis April 1969. Im Mai literarischer Durchbruch mit der Teilnahme an den 20. Österreichischen Jugendkulturwochen in Innsbruck und – nach Ablegung der Maturaprüfung im Juli 1969 – mit einem skandalträchtigen Referat auf der jährlichen Südtiroler Hochschülertagung („Brixner Rede“, August 1969). Im Herbst Aufnahme des Universitätsstudiums der Kunstgeschichte in Wien.

Mit Aufenthalt in Wien ab 1970 wachsende Distanz zum Elternhaus; im Sommer Ferialarbeit in Stord (Norwegen). Im Frühjahr 1971 Studienabbruch und Rückkehr nach Bruneck zu den Tanten Julie und Luise Thum. Erste Bekanntschaft mit dem langjährigen Förderer Paul Flora. Im November unerwarteter Tod der Mutter.

Bereits ab Frühjahr 1971 kürzere Anstellungen als Aushilfslehrer im Pustertal. Längerfristige Jahresverträge 1971/72 in der Bergschule Vernuer (Meran) und 1973–75 in der Bergschule Flaas (Bozen); Verfassen eigener Schultexte. Zeitgleich literarische Veröffentlichungen in mehreren Zeitschriften; Lesungen in Südtirol und Österreich. Sporadische Reisen nach Italien (mehrfach), Tunesien (1971) und Spanien (1972). Im Sommer 1973 kurzzeitig Mauteinheber in Sterzing.

Infolge zunehmender Alkoholabhängigkeit und akuter Angstneurosen ab Sommer 1975 längere Spitals- und Kuraufenthalte in Bozen und Verona. Diagnose eines schweren Leberschadens. Von Juni 1975 bis Juni 1977 Veröffentlichung der Serie „stadtstiche" in der Zeitschrift *skolast*.

Ab 1976 nur mehr sporadische Lehrtätigkeit u. a. im Sarntal und am Tschöggelberg. Zeitweise arbeitslos, Quartier bei den Tanten in Bruneck. Zuerkennung des Österreichischen Staatsstipendiums für Literatur. Eintritt in die Kommunistische Partei Italiens (PCI-KPI), Austritt aus der Katholischen Kirche.

Jahresbeginn 1977 Tod des Ziehvaters. Im Spätfrühling mehrwöchiger Kuraufenthalt in Bad Berka (DDR). Längerfristig ohne festes Einkommen und dauerhaften Wohnsitz. Im Frühjahr 1978 Aushilfsarbeiten in einem Brunecker Fahrschulbüro.

Vom Spätsommer 1977 bis zum letzten Spitalsaufenthalt in Bruneck im August 1978 wöchentliche Glossen für die Tageszeitung *Alto Adige*. Letzte literarische Lesungen im April/Mai 1978 in Lienz, Wien und Innsbruck.

Editorische Notiz

Die vorliegende Auswahl wurde auf Basis der dreibändigen *Gesammelten Werke* Norbert C. Kasers (Gedichte, Prosa, Briefe) zusammengestellt. Dort nicht enthalten sind der Auszug aus dem Brief an Hans Taschler und Helene Flöss vom 090278 (S. 27) sowie die handgeschriebenen Gedichte „die kellnerin" (S. 30) und „da koemmt der M." (S. 125), beide aus Kasers Notizbuch 1976. Weiters die handschriftliche Sentenz Kasers zu Elfriede Rossi aus seinem Notizblock 1972 (S. 157), das Gedicht „so liegen denn" aus Kasers Taschenkalender 1972 (S. 193), der Kalendereintrag zum Tod des Hundes Haymo vom 13. Mai 1976 (S. 196) und der Brief der Brunecker KPI „An den Bürgermeister und Rat der Stadt Bruneck." (S. 55), welcher Kaser zumindest als Teilverfasser zugeschrieben werden kann. Die genannten Texte wurden dem Teilnachlass Norbert C. Kasers im Stadtarchiv Bruneck (Sammlung Klaus Gasperi) bzw. dem Teilnachlass am Brenner-Archiv der Universität Innsbruck (Sammlung Helene Flöss) entnommen. Der Text des Flugblatts „Gegendemonstration" (S. 46–47) ist in Benedikt Sauers Dissertion *norbert c. kaser 1947–1978. Eine biographische Annäherung* (1990) auf S. 312 als Faksimile abgebildet. Kasers Erläuterung zu den Gedichten „kloster [I]" und „kloster [II]" auf der Lesung vom 11. April 1978 (S. 91) wurde von einem Audiomitschnitt transkribiert (hrsg. 1987 von der Gesellschaft der Freunde des Brenner-Archivs). Die Gedichte „wieder zu hause" (S. 12), „wo" (S. 44) und „krahmoos" (S. 120–121) wurden mit den Originaltexten Kasers nochmals auf Tippfehler abgeglichen und in korrigierter Fassung abgedruckt.

Hinsichtlich der Umlaut- sowie der Groß- und Kleinschreibung sowie der Textdatierung wurde Kasers Schreibweise übernommen. Nachträglich von den HerausgeberInnen der *Gesammelten Werke* bzw. vom Herausgeber dieser Auswahl vorgenommene Datierungen stehen in eckigen Klammern. Bezüglich der besonderen Form der Worttrennung entsprechen die Texte stilistisch der Vorlage aus den *Gesammelten Werken* bzw. den Originaldokumenten. Breitere Zeilenabstände nach einigen Absätzen mußten aus graphischen Überlegungen entfallen.

Sämtlichen Briefen sowie einigen Auszügen aus Prosatexten wurde vom Herausgeber eine Regestzeile (hellgrau) vorangstellt, die der Schreibweise Kasers folgt. Anmerkungen zu einzelnen Texten sind ebenso hellgrau vom Originaltext Kasers abgehoben. Textkürzungen wurden der leichteren Lesbarkeit halber nicht mit (...) angezeigt, sondern mit ■. Die Kurzbiographie Kasers beruft sich auf Benedikt Sauers *norbert c. kaser. Eine Biografie* (1997).

Bildnachweis

Forschungsinstitut Brenner-Archiv der Universität Innsbruck, Sammlung FIBA: S. 19 (Foto: Klaus Gasperi), 41. – **Sammlung Helene Flöss:** S. 144. – **Sammlung Hans Haider:** S. 175.

Haymon Verlag: S. 186 (von Clemens Auer 1988 zur Verfügung gestellt).

Museumsverein Bruneck, Nachlass Ernst Mariner: S. 29, 38 (alle drei), 39 (oben links), 64 (unten), 69 (unten), 90, 93, 100 (unten), 109, 113 (oben), 114 (beide), 129, 134, 139, 142, 160, 173 (oben). Alle Fotos: Ernst Mariner, © Museumsverein Bruneck.

Sammlung Freiwillige Feuerwehr Bruneck: S. 52 (Foto: Hansjörg Alton).

Sammlung Klaus Gasperi (privat): S. 11 (Foto: K. Gasperi), 15, 16, 24, 33, 58 (unten), 75 (beide), 99, 163 (Foto: K. Gasperi), 202 (beide; Fotos: Paolo Biadene), 203 (Foto: Paolo Biadene).

Sammlung Joachim Gatterer (privat): S. 71 (Foto: J. Gatterer).

Sammlung Albert Mellauner (privat): S. 179, 180 (beide).

Sammlung Konrad Micheli (privat): S. 155.

Sammlung Benedikt Sauer (privat): S. 45 (alle vier), 82 (Foto: Hubert Stemberger), 84, 97 (unten; zur Verfügung gestellt von Margit Baumgartner), 100 (oben), 102, 122–123 (Foto: Hubert Stemberger).

Sammlung Karl-Theo Stammer (privat): S. 39 (oben rechts und unten), 57 (oben links und unten), 69 (oben), 136, 153 (links), 157, 165, 173 (unten). Alle Fotos: © Karl-Theo Stammer.

Sammlung Othmar von Sternbach (privat): S. 153 (rechts).

Sammlung Gunther Waibl (privat): S. 53, 57 (beide oben rechts; Fotos: G. Waibl), 64 (oben), 80, 97 (oben), 113 (unten; Foto: Ernst Mariner), 119 (Foto: G. Waibl), 170 (Foto: G. Waibl).

Stadtarchiv Bruneck, N.C.-Kaser-Archiv der Stiftung Südtiroler Sparkasse, Sammlung Klaus Gasperi: S. 54, 58 (oben), 61, 149. – **N.C.-Kaser-Archiv der Stadtgemeinde Bruneck, Sammlung Hans Haider:** S. 185, 191 (beide).

Universitäts- und Landesbibliothek Innsbruck: S. 44.

Dank

Für die Bereitstellung von Fotos, die gemeinsamen Recherche- und Korrekturarbeiten, wichtige Hinweise und die Bereitschaft zum Gespräch dankt der Herausgeber Pater Adalbert, Hansjörg Alton, Paolo Biadene, Helene Flöss, Klaus Gasperi, Josef Gasteiger, Maria Grünbacher, Hans Haider, Patrick Kirchler, Stefan Lechner, Albert Mellauner, Konrad Micheli, Andreas Oberhofer, Maria Piok, Christine Riccabona, Barbara Rubele, Benedikt Sauer, Sigurd Paul Scheichl, Karl-Theo Stammer, Othmar von Sternbach, Gunther Waibl, Barbara Willimek, Erika Wimmer und Irene Zanol.